a casa do bosque

A casa do bosque
Copyright by © Petit Editora e Distribuidora Ltda., 2011
11-08-21-200-29.950

Coordenação editorial: **Ronaldo A. Sperdutti**
Capa, projeto gráfico e editoração: **Ricardo Brito / Designdolivro.com**
Imagem da capa: **Tilltibet / Dreamstime.com**
Preparação: **Maiara Gouveia**
Revisão: **Luiz Chamadoira**
Impressão: **Renovagraf**

Dados Internacionais de Catalogação na Publicação (CIP)
(Câmara Brasileira do Livro, SP, Brasil)

Carlos, Antônio (Espírito).
 A casa do bosque / um romance ditado pelo Espírito Antônio Carlos ; psicografado pela médium Vera Lúcia Marinzeck de Carvalho. – São Paulo : Petit, 2011.

ISBN 978-85-7253-195-5

1. Espiritismo 2. Psicografia 3. Romance espírita I. Carvalho, Vera Lúcia Marinzeck de. II. Título.

11-04048   CDD: 133.93

Índices para catálogo sistemático:
1. Romances espíritas psicografados : Espiritismo   133.93

Direitos autorais reservados.
É proibida a reprodução total ou parcial, de qualquer forma ou por qualquer meio, salvo com autorização da Editora.
(Lei nº 9.610, de 19 de fevereiro de 1998)
Traduções somente com autorização por escrito da Editora.
Impresso no Brasil.

Prezado(a) leitor(a),
Caso encontre neste livro alguma parte que acredita que vai interessar ou mesmo ajudar outras pessoas e decida distribuí-la por meio da internet ou outro meio, nunca deixe de mencionar a fonte, pois assim estará preservando os direitos do autor e, consequentemente, contribuindo para uma ótima divulgação do livro.

Um romance ditado pelo Espírito
ANTÔNIO CARLOS

a casa do bosque

Psicografado pela médium
VERA LÚCIA MARINZECK DE CARVALHO

Av. Porto Ferreira, 1031 – Parque Iracema
CEP 15809-020 – Catanduva-SP
17 3531.4444
www.petit.com.br | petit@petit.com.br
www.boanova.net | boanova@boanova.net

Livros da médium
VERA LÚCIA MARINZECK DE CARVALHO

Da própria médium:
- Conforto Espiritual
- Conforto Espiritual 2

Psicografados:

Com o Espírito Antônio Carlos
- Reconciliação
- Cativos e Libertos
- Copos que Andam
- Filho Adotivo
- Reparando Erros de Vidas Passadas
- A Mansão da Pedra Torta
- Palco das Encarnações
- Histórias Maravilhosas da Espiritualidade
- Muitos São os Chamados
- Reflexos do Passado
- Aqueles Que Amam
- O Diário de Luizinho (infantil)
- Novamente Juntos
- A Casa do Penhasco
- O Mistério do Sobrado
- O Último Jantar
- O Jardim das Rosas
- O Sonâmbulo
- Sejamos Felizes
- O Céu Pode Esperar
- Por Que Comigo?
- A Gruta das Orquídeas
- O Castelo dos Sonhos
- O Ateu
- O Enigma da Fazenda
- O Cravo na Lapela
- A Casa do Bosque
- Entrevistas com os Espíritos

Com o Espírito Patrícia
- Violetas na Janela
- A Casa do Escritor
- O Vôo da Gaivota
- Vivendo no Mundo dos Espíritos

Com o Espírito Rosângela
- Nós, os Jovens
- A Aventura de Rafael (infantil)
- Aborrecente, Não. Sou Adolescente!
- O Sonho de Patrícia (infantil)
- Ser ou Não Ser Adulto
- O Velho do Livro (infantil)
- O Difícil Caminho das Drogas
- Flores de Maria

Com o Espírito Jussara
- Cabocla
- Sonhos de Liberdade

Com espíritos diversos
- Valeu a Pena!
- O Que Encontrei do Outro Lado da Vida
- Deficiente Mental: Por Que Fui Um?
- Morri! E Agora?
- Ah, Se Eu Pudesse Voltar no Tempo!

Livros em outros idiomas
- Violets on the Window
- Violetas en la Ventana
- Violoj sur Fenestro
- Reconciliación
- Deficiente Mental: ¿Por Que Fui Uno?
- Viviendo en el Mundo de los Espíritus
- Fiori di Maria

Sumário

Solução ou Complicação?, 7

O Encontro, 21

A Casinha nos Fundos, 31

O Contrato, 51

A História de Olívia, 65

Iron, o Cri, 81

Culpa, 97

A Procura, 109

O Órfão, 131

Iron Desencarna, 143

A História de Emílio, 153

Preparando a Mudança, 167

Tempos Depois, 183

um

Solução ou Complicação?

RÁPIDO, Leandro arrumou sua bagagem, primeiramente afobado, jogando a roupa; depois, tentando se acalmar, dobrou as peças, ajeitando-as com cuidado na mochila.

"Assim terei mais espaço" – pensou, e olhou no relógio pela décima vez. – "Falta uma hora para o ônibus sair. Devo levar meu disfarce. Achei aquela mulher, dona Consuelo, muito atrapalhada. Ainda bem que não recusei o trabalho. Eu me ausentarei e ainda serei remunerado. Por que fui fazer isso?" – perguntou a si mesmo. – "Laurita é bela, mas não precisava sair com ela. Mas, também, como ia saber que o marido dela é violento e bandido?"

– Pronto, está tudo aqui – falou baixinho. – Fecho o quarto, saio, digo à dona Antônia que voltarei no final do mês. O quarto está pago mesmo.

Leandro pegou a mochila, fechou a porta e desceu as escadas. Aliviado, viu que dona Antônia, a proprietária da pensão, não estava na sala. Escreveu um bilhete, informando que ia se ausentar, anotando o nome de uma cidade bem distante da qual iria. Saiu andando apressado, foi para o ponto de ônibus e logo entrou em um que o levaria para perto da rodoviária. Nem olhou se estava ou não sendo seguido. Na estação rodoviária comprou passagem para uma cidade que ficava duas horas depois de onde iria parar. Aguardou, ansioso.

Acomodado no ônibus, deu uma olhada nos companheiros de viagem.

"Hábito de quem age errado", pensou.

Não viu nada que pudesse preocupá-lo.

Leandro, profissionalmente, já havia feito muitas coisas, teve vários empregos, mas não parava muito tempo em nenhum. Isso, para ele, tinha somente uma vantagem: podia aprender a fazer um pouco de tudo. Do último emprego, como frentista de posto de gasolina, fora despedido no dia anterior, porque o dono ficara sabendo que ele estava se encontrando com Laurita, a bela morena, mulher do bandido que mandava no bairro e de quem todos sentiam medo.

"Eu estou com medo! Confesso que estou receoso! Ainda bem que ontem, ao sair do posto", continuou ele pensando, "encontrei com Nelsinho, um ex-patrão. Que sorte! Ele me disse que estava para recusar um trabalho porque não podia se ausentar da cidade. Sua esposa estava para ter mais um filho, o quarto. Ofereceu-me o trabalho, mas avisou que achara a cliente confusa."

Sentiu-se aliviado quando o veículo saiu da rodoviária e mais ainda quando ele se afastou da cidade.

Abriu seu caderninho de anotações e leu: iria trabalhar para Consuelo, uma senhora de aspecto vulgar que lhe pagara pelo trabalho somente um terço do combinado, pagaria o restante quando recebesse os documentos. Ali estava escrito o local em que deveria procurar esses documentos: a Casa do Bosque.

"Esse serviço deve ser difícil! Nelsinho não iria me passar um trabalho se fosse fácil", concluiu Leandro.

Continuou lendo o que anotou: casa habitada, talvez por duas ou três pessoas. Afastada, localizada num sítio.

"Tenho de procurar por um documento que nem sei bem o que é. Algo escrito por um tal de Robson, falecido há anos. Dona Consuelo não deu muitos detalhes. Mandou que pegasse tudo que encontrasse escrito e assinado por esse Robson, avisando somente que ele tinha a letra grande e desenhada."

Ainda não tinha conseguido se tranquilizar totalmente, olhou até se o ônibus não estava sendo seguido. Nada vendo que o pudesse preocupar, releu as anotações.

"Não gosto de fazer algo desse tipo sem planejar antes. Mas como fazer planos se não conheço o local, quem vou encontrar? O melhor é deixar as coisas acontecerem."

Levantou-se do banco e observou novamente os passageiros, tentando disfarçar. Foi conversar com o motorista, indagou sobre as cidades em que o ônibus pararia e voltou a seu lugar.

"Devo relaxar e tentar dormir. O ônibus irá parar em várias localidades, a terceira é o meu destino. Fiz bem em comprar a passagem para outra cidade. Boa forma de despistar!"

Leandro dormiu, mas acordou por várias vezes. Ao entrar na cidade em que iria descer, ficou atento. Quando parou na rodoviária, pegou sua mochila, que colocara no porta-objeto dentro do ônibus, e desceu. O motorista avisou que a parada era de dez minutos. Leandro tomou um café e andou pela rodoviária. Quando faltavam três minutos para o ônibus sair, viu um companheiro de viagem que estava sentado no banco ao lado e lhe pediu:

– Avise o motorista para mim, por favor, que não irei embarcar, encontrei um amigo que me dará carona.

Agradeceu e pensou:

"Ia avisar o motorista, mas foi melhor dar o recado."

Entrou no sanitário; abriu a mochila; trocou de camisa; colocou um enchimento no abdômen; placa de silicone na boca, aumentando as bochechas; pôs uma peruca ruiva, óculos e olhou no espelho. Parecia outra pessoa. Abriu a porta, verificou se o ônibus em que viajara havia partido e saiu do sanitário, tentando não chamar atenção. Afastou-se da rodoviária, andando devagar, rumou para o centro da cidade e, depois de andar cinco quadras, parou num bar. Tomou outro café, comeu um lanche e depois perguntou ao proprietário:

– O senhor pode me informar como faço para ir ao sítio São Judas Tadeu?

– Você vai lá? – indagou o homem, espantado. – Irá à Casa do Bosque? O que vai fazer lá?

Não foi difícil para Leandro inventar uma desculpa.

– Trabalho com sementes. Os proprietários pediram à firma onde trabalho que enviasse um representante. Farei uma visita.

– Muito estranho! Será que a viúva quer plantar algo? Ou o filho de dona Diva está pretendendo tornar o sítio produtivo? Aquelas terras estão abandonadas há tanto tempo, desde que o velho Gumercindo morreu não se planta mais nada lá.

– O senhor conhece o lugar? – perguntou Leandro, querendo obter mais informações.

– Vi as terras de longe, como todos da cidade. Acho que ninguém conhece a casa. Você tem certeza de que tem de ir lá?

– Tenho – respondeu Leandro.

– Vão recebê-lo no portão, como fazem com todos que vão lá. Melhor!

– Por que "melhor"? Não podem me receber na casa?

– Não queira entrar na casa. Dizem que é assombrada. Os netos do senhor Gumercindo estudam em outra cidade desde pequenos e, pelo que sei, não vêm para a casa. Penso que ninguém gostava daquele velho sovina. Pelo que dizem, ele morreu e ficou lá, guardando seus pertences.

– Assombrações? Elas ainda aparecem nos dias atuais? – indagou Leandro.

– Se não quer vê-las, não entre na casa – aconselhou o proprietário do bar. – Já houve muitos falatórios sobre o sítio e a casa. Não sei se é boato ou não. Mas, como muitos falam, um pouco de verdade tem. E por que não haveria assombrações nos dias atuais?

Leandro, em vez de responder, indagou novamente:
– Como faço para ir lá? É longe?
– É um sítio; logo, é longe para ir a pé, porém você pode pegar um táxi duas quadras adiante. Eu o aconselho a não pousar por lá.

Leandro agradeceu, comprou uma garrafa d'água, um pacote de bolachas e foi para o ponto de táxi. Quando falou o nome do sítio, o taxista perguntou:
– O sítio do finado Gumercindo?
– Sim, é esse.
– Posso saber o que irá fazer lá? Ninguém vai ao sítio – quis saber, curioso.
– Sou esperado. Vendo sementes.
– Entre! Eu o levo até a ponte. Não é recomendável passar com o carro por ela. Mas não se preocupe, basta atravessá-la para estar em frente ao portão.

O motorista foi falando da cidade e fez algumas perguntas: se ele iria a outros lugares, se queria que o esperasse ou buscasse... Leandro respondeu monossilabicamente, não queria que o esperasse ou viesse buscá-lo.
– Conhece o sítio? – perguntou Leandro.
– Claro que não! – respondeu o taxista. – Não conheço ninguém que conheça. Nem o velho Chico,

que faz compra para eles, nem ele sabe quantas pessoas moram lá.

– Quem é esse Chico? – indagou Leandro.

– É um senhor idoso que tem uma charrete e costuma comprar mantimentos para as pessoas do sítio.

– Ninguém sai de lá, da casa?

– Uma vez por mês, dona Diva sai. Ela é a nora do velho Gumercindo. Vai ao banco, faz algumas compras e, umas três ou quatro vezes por ano, vai ver os filhos na cidade em que eles estudam. Uma vez, vim trazê-la até a ponte. Uma mocinha também costuma, às vezes, ir à cidade. Se você não tivesse marcado a visita, diria que não entraria na casa, nem passaria do portão. Chegamos.

Leandro pagou, desceu e ficou olhando o carro ir embora. Observou bem o lugar. A estrada era de terra batida. Estava parado à frente de uma ponte velha e estreita. De fato, o sítio não ficava longe da periferia da cidade. Vendo a ponte, ele pensou: "O taxista tem razão de sentir receio de passar por ela. Não deve aguentar peso".

Abaixo da ponte corria um riacho de águas limpas. Dali podia ver o sítio, que era cercado por arame farpado. Resolveu atravessar a ponte. Atento, observando tudo, andou devagar. Depois da ponte, a uns cem metros, viu o portão. Ficava dentro de um pedaço do cercado de arame, rodeado por um paredão de três metros de altura, liso, construção forte que certamente murava toda a casa. O portão de madeira era pesado, com duas partes. Tão alto quanto o muro, tinha uma pequena janelinha. Com certeza, ao abri-la, daria para ver quem estava em frente a ele. De fora, somente viam-se as copas das árvores, deveriam ser muitas, as que estavam perto do muro não eram frutíferas.

"Talvez para não serem uma tentação para roubos. O arvoredo é diversificado, um bosque realmente", pensou Leandro.

– Como será que se faz para ser atendido? – perguntou ele baixinho, para si mesmo, examinando o portão. – Não tem campainha, sino, nada. Se alguém quiser ser atendido, bate no portão, grita? Não importa, não me receberiam mesmo.

Olhou para todos os lados, não viu ninguém. Voltou a examinar o muro. Suspirou aliviado quando viu, que a dez metros do portão, dois galhos de uma árvore frondosa ultrapassavam o muro. Aproximou-se do local.

"Se conseguir abaixar este galho, escalo o muro."

Colocou a mochila nas costas e tirou seu cinturão. Em uma das pontas, colocou a garrafinha d'água como peso e a jogou numa forquilha do galho, puxou-o e ele abaixou. Segurando firme a outra ponta da cinta, pulou, batendo os pés no muro, e conseguiu pegar o galho com a outra mão. Ouviu um estalo e, com rapidez, apoiou-se na borda do muro. Ergueu o corpo devagar e olhou para dentro do terreno: não viu ninguém e nada ouviu. Sentou-se no muro. Tirou a cinta da forquilha e pegou a garrafa.

"Preciso sair rápido daqui", pensou.

Perto do muro, do lado de dentro, os galhos da árvore eram mais grossos. Mudando de galhos, acomodou-se num mais forte, onde não seria visto do lado de fora. Tirou a mochila das costas, livrando-se também de seu disfarce.

"Que alívio! O silicone da boca estava incomodando, e a peruca, esquentando minha cabeça."

Guardou-os na mochila. Observou bem o local. Viu o telhado da casa.

"Tudo parece simples! O telhado está velho! E a casa não é muito grande. Será que tem cachorro? Não escuto latidos. Com certeza, se houvesse, teriam percebido minha presença. A não ser que estejam presos. Que silêncio!"

Sem saber o que fazer, ficou na árvore.

"Se houver cães, eles não me pegarão aqui em cima. Porém, não posso ficar o tempo todo na árvore. Preciso urgente planejar o que fazer", pensou, tentando encontrar um modo de entrar na casa. Resolveu esperar escurecer.

"Posso ser preso. Como um ladrão! Não encontrei uma solução, mas sim uma complicação. Devo estar louco! Primeiro saí com a mulher de um bandido, depois aceitei um trabalho aparentemente fácil, que agora percebo não ser bem assim. Devo pegar uns papéis, só que eles estão numa casa habitada, e, com certeza, seus moradores não gostarão de ver um intruso. Bem, pelo menos na cadeia o bandido não me pega. Ou pega?"

Estremeceu, mas resolveu ficar, aguardar e entrar na casa. Comeu as bolachas, tomou água, não viu nenhum movimento nem escutou latidos.

A posição estava incômoda e, assim que escureceu, pegou sua lanterna e desceu da árvore, escondendo sua mochila entre os ramos para protegê-la.

"Se chover, ela não irá molhar."

Cauteloso, com o coração disparado, Leandro foi caminhando rumo à casa. Não escutou barulho nenhum, nada de latido. Aproximou-se e então viu a residência. Embora tivesse muitos anos, foi feita para resistir. A pintura estava desbotada. Ao vê-la de perto, percebeu que a moradia não era tão pequena, diria que era de porte médio, com várias janelas, todas fechadas. Somente viu luzes em duas janelas menores onde havia vidraças.

Atento, observou a frente da casa, onde havia algumas plantas com flores. Concluiu que não cuidavam bem do jardim. Para chegar à porta de entrada, uma escada larga, rapidamente ele contou os degraus, oito. Havia também uma pequena área, onde tinha somente uma cadeira e a porta.

Pisou no primeiro degrau, a madeira rangeu. Tirou o pé e correu para trás de uma árvore. Nada aconteceu.

"Os moradores deste lugar devem ser adeptos do silêncio", pensou.

Voltou a examinar a casa. Estava parado, olhando-a de frente. Do lado direito, havia seis janelas bem fechadas e as duas com vidraças. Do lado esquerdo, mais quatro janelas.

Olhando onde pisava para não fazer barulho, ele contornou a casa pelo lado direito, viu outras duas janelas e, em direção das vidraças do outro lado, nos fundos, a construção se estendia. Pela chaminé, concluiu que ali deveria ser a cozinha. De onde estava, não viu janelas ou vidraças nela. Uma cerca alta, bem feita, impediu sua passagem. Era um galinheiro.

"Devo me afastar, se as aves perceberem minha presença, farão barulho, me denunciando."

Voltou à frente da casa andando rente à parede. A construção acabou e, novamente, havia uma cerca alta fechando o quintal.

"Deve ser cercado por terem aves e alguns animais", concluiu Leandro. "Não devo pular. Aves são barulhentas."

Voltou à frente. Olhou dentro da casa pela vidraça, estava iluminada por uma lâmpada no teto e não havia ninguém. Forçou a vidraça, e ela se moveu. Devagar, levantou uma parte, travou-a, colocou a cabeça para dentro e observou, era uma sala. Estava decorada com sofás, cadeiras, mesas... tudo limpo, mas velho e desbotado.

"Devo entrar. Afinal, vim aqui para isso! Depois, estou faminto. Pelo silêncio, os moradores devem estar dormindo, vou à cozinha."

Tentando não fazer barulho, entrou pela janela envidraçada, seu coração batia forte. Largou a janela aberta e foi andando nas pontas dos pés. Atravessou a sala. Passando pela porta, defrontou-se com outra sala, esta era menor, com algumas poltronas, e recebia a claridade do outro cômodo. Escutou um barulho, encostou-se à parede e ficou imóvel. Passou por ele um vulto que lhe deu calafrios. Não distinguiu o que via. Parecia um saco andando, olhou para o chão e teve a impressão de ter visto dois pés com botas pretas. Mas, ao olhar bem, não os viu mais, e o vulto parou a aproximadamente um metro e meio de onde estava. Nisso, uma mulher entrou na sala, olhou o vulto e depois para Leandro, que tremia encostado na parede. Ela se benzeu com a mão direita, fazendo o sinal da cruz. Na mão esquerda, segurava um pequeno lampião.

– Por Santa Rita! Outra alma! – exclamou a mulher.

Foi para a outra sala e Leandro escutou:

– A vidraça está aberta!

Ele a escutou fechar a vidraça, apagar a luz, passar por onde ele estava sem olhá-lo e atravessar a porta. Pela luz do lampião, Leandro viu que ela se dirigira para o lado direito. O vulto que estava parado resolveu sumir. Ficou escuro, mas não totalmente, porque ele viu uma pequena claridade vinda do lado esquerdo. Tentou se acalmar e concluiu: "Estou impressionado. Com esta pouca iluminação e muitas sombras, pensei ter visto algo estranho. A culpa é do proprietário do bar que me contou sobre assombrações. O que vi foi fantasia de minha mente".

Andando devagar, foi até a porta e defrontou-se com um corredor. Olhou para o teto, não havia lâmpadas. Percebeu, então, que não havia lâmpadas em todos os cômodos e concluiu ser por esse motivo que a mulher carregava um lampião. Rumou para a claridade.

Deparou-se com a cozinha, onde uma lâmpada fraca continuava acesa no teto e no fogão a lenha havia um fogo quase extinto.

"Comida! Na mesa tem pães, doces e frutas. Vou comer" – decidiu ele.

Com fome, colocou um pedaço grande de bolo na boca, enchendo-a, quando escutou alguém dizer:

– Quieto! Alma não come! É um ladrão!

E gritou:

– Diva! Vem aqui na cozinha. Um ladrão!

Leandro olhou assustado. Uma moça de camisola entrara na cozinha com uma espingarda apontada para ele.

dois

O Encontro

EU, ANTÔNIO Carlos, fui visitar um amigo que há tempo não via. Humberto era muito atarefado, lecionava numa escola no plano espiritual. Ao saber que ele estava terminando uma aula, fui até a classe e o aguardei na porta, através da qual, mesmo fechada, escutei-o tirar dúvidas. Uma voz feminina agradável inquiriu:
– *O que é maldade? Quem é maldoso?*
Reconheci de imediato a voz de Humberto, forte e positiva, respondendo:
– *A maldade é a atitude de quem pratica o mal. Maldoso é quem comete ações más. Simples? A definição sim. Porém, como é complexo quando se reúnem dados diversos para taxar alguém de "maldoso". E se analisarmos os porquês das ações, com certeza complica mais. Porque é muito difícil, gostaria de dizer ser impossível, existir um ser que seja somente mau, e os totalmente bons são raros em nosso planeta. Muitos de vocês podem*

estar pensando: "Será que existem justificativas para maldades praticadas?". O perdão e as desculpas existem para que aqueles que praticaram a maldade os utilize com sinceridade. Justificativas surgem quando tentamos explicar o porquê de termos feito algo. Quase sempre elas não são aceitas. Exemplos: "Matei porque fui ofendido"; "Roubei de quem era rico"; e as mais complexas: "Menti para não ofendê-lo", "Traí porque fui traído", "Bati porque ela gostava de apanhar", "Caluniei pensando que ninguém ia acreditar", "Achei que não ia prejudicar", "Ele nem se importou" etc. Mas quem sentiu a ação nem sempre pensa como o agressor. Maldade é ação negativa, e a reação normalmente é de dor, sofrimento com a mesma intensidade. A crueldade – uma forma mais intensa da maldade – quase sempre requer muito padecimento para apagar a marca que fixa no perispírito. Atos maus ou cruéis deixam marcas em quem os comete. Deixam marcas escuras no perispírito. Por isso dizem que seres assim são "trevosos". Ações benevolentes de amor nos marcam também com pontos claros, luminosos; daí a expressão: "espíritos de luz". Respondendo, Olívia, à sua pergunta, resumo dizendo: Maldade é tudo aquilo que fazemos ao próximo, mas que não queríamos que nos fizessem, e maldoso é quem comete tal ato.

– Quando é que somos coniventes com o maldoso? – perguntou a mesma voz feminina, que, agora, ele sabia tratar-se de Olívia.

– Poderia responder simplesmente: quando aceitamos ou quando permitimos. Porém, por ser cada caso especial, particular, não devemos julgar, mas compreender, e, para entender, temos que saber os detalhes, escutando todos os envolvidos, porque se ouvimos apenas um deles, saberemos uma versão somente. Sabendo o porquê de alguém ter feito alguma coisa e do outro tê-lo deixado fazer ou ter concordado, saberemos então a responsabilidade da conivência. Certamente, se a pessoa conivente tiver sido um superior do maldoso, a responsabilidade é maior, porque tinha como conter o outro. Porém, se tiver sido um inferior na conivência, talvez não tivesse como contê-lo, mas poderia tê-lo aconselhado ou até afastado. Sei de pais que tudo fizeram para tirar seus filhos dos vícios, não conseguiram e nunca os abandonaram. Com certeza não podemos dizer que foram coniventes por não abandoná-los e por terem sofrido com os atos errados dos filhos. Porém, sei que alguns pais incentivaram e levaram seus rebentos a erros. Cada caso é realmente um caso!

O sinal foi dado, a aula terminou, e Humberto saiu apressado.

– Antônio Carlos! Que surpresa agradável!

Abraçamo-nos. Perguntas costumeiras: "Como vai?"; "O que está fazendo?". Humberto desculpou-se:

– Meu amigo, desculpe-me, tenho que dar outra aula. Será de uma hora e vinte minutos. Espere-me, por favor! Aguarde-me no pátio.

Prometi aguardá-lo, e ele caminhou apressado pelo corredor. Ia para o pátio quando uma senhora esbarrou em mim, derrubou um caderno e algumas folhas se espalharam pelo chão. Rapidamente, abaixei-me para pegá-las e, quando ela agradeceu, reconheci a voz e comentei:

– Faz perguntas interessantes.

Justifiquei:

– Esperava por Humberto aqui na porta e escutei o finalzinho da aula. Como vê, vim sem avisar e terei de esperar que termine mais uma aula.

– Posso lhe fazer companhia, se quiser – ofereceu Olívia.

– Quero e agradeço – respondi. – Combinei de esperá-lo no pátio. A espera sempre se torna agradável quando conversamos.

Dirigimo-nos ao pátio, sentamo-nos num banco, e eu, curioso como sempre, fiz algumas perguntas, que Olívia respondeu educadamente.

– Faz dois anos que venho a esta colônia para estudar. Trabalho oito horas diárias na colônia onde moro, vou para lá logo após as aulas e volto para assisti-las. Cuido de duas enfermarias. Gosto do que faço.

– Preocupada com alguma coisa? Desculpe-me, não quero me intrometer, mas...

– Estou mesmo com muita vontade de falar uma coisa e gostaria que alguém me orientasse. Queria muito ir à casa em que vivi quando encarnada, para tentar acertar uma situação com a qual penso ter sido conivente. Agora é o momento, porque um estranho estará lá e pode ajudar.

– Por que não vai? – perguntei, curioso.

– Por medo. A história é longa, e a oportunidade é essa. Meus amigos aqui acreditam que posso resolver sozinha. Que agora é diferente e não preciso recear. Porém, Gumercindo, o homem que foi meu marido, também está desencarnado e está lá. Não consigo pensar nele sem sentir medo.

— Foi conivente por medo? — perguntei.
— Receio e chantagem — respondeu Olívia. — Queria ajudar os encarnados que lá estão, mas não sei se consigo. Nenhum amigo, neste momento, pode se ausentar de suas tarefas para me auxiliar. Por isso estou descontente comigo. Não ajudar por medo? E se tentar auxiliá-los e atrapalhá-los mais ainda? Indo até lá sozinha poderei deixar que ele me maltrate novamente? Serei de novo conivente não tentando impedir que ele continue a maltratar outros?

Fiquei interessadíssimo. Pensei rápido. Era possível me ausentar de minhas tarefas por muitas horas nos próximos dias e me ofereci:

— Se quiser, acompanho-a nesta aventura, digo, nesta tentativa de auxílio.

— Quero! Pode me esperar aqui por uma hora e trinta minutos? É o tempo que levarei para avisar da minha ausência. Já obtive permissão para ir ajudá-los. Avisarei no meu trabalho e faltarei às aulas.

Olívia levantou-se e, vendo-me indeciso, perguntou:

— Mudou de ideia?

— Não, mas é que nem me conhece, e eu...

— Ora, uma grande vantagem de estar desencarnado e morar nas colônias é esta: poder confiar em todos. Não o encontraria aqui se não fosse confiável. Depois, é amigo do professor Humberto, e eu também fiquei escutando perto da porta: você é escritor e já li alguns dos seus livros. Ao me ajudar, talvez possa ter uma história interessante sobre alguém que, de tão apegado aos bens materiais, desencarnou e continuou preso a eles por achar serem ainda dele. E desculpe-me o esbarrão, foi proposital. Vou e volto rápido, aguarde-me aqui.

Olívia volitou. Eu aguardaria por Humberto e agora também por ela. Avisei telepaticamente aos companheiros que trabalhavam comigo que estaria ausente.

Humberto chegou e se sentou ao meu lado. Trocamos informações sobre amigos, tarefas e contei a ele o convite que Olívia me fez.

– Ela é minha aluna, é aplicada e fico contente que vá acompanhá-la. Com certeza vocês resolverão o caso.

– Caso? – perguntei.

– Problemas? Dificuldades? "Caso" abrange tudo – respondeu Humberto, sorrindo.

Sem atrasar um minuto, Olívia veio ao nosso encontro.

– Estou pronta!

Despedi-me de Humberto e fomos à saída da colônia de estudos.

– Vou pegar na sua mão porque sei para onde nos dirigiremos – determinou Olívia.

Volitamos rápido. Chegamos em minutos. Paramos em frente a uma casa cercada por frondosas árvores, ela me informou:

– Aqui foi meu antigo lar. Sítio São Judas Tadeu, a Casa do Bosque. E aquele ali é o encarnado que quer entrar na casa.

Vi o moço atento, olhando as janelas.

— É um moço corajoso — explicou Olívia —, mas irresponsável. Porém, isso não importa para nós. Para mim, é um estranho que poderá me auxiliar. Ele se chama...

Falou rápido o que sabia dele. O jovem ficou por segundos observando a moradia e pensou em como se envolvera naquela aventura. Minha companheira e eu soubemos então o que acontecera com ele horas antes de estar ali. Vimo-lo abrir a vidraça e entrar na sala. Entramos também.

Quando ele passou para a segunda sala, Olívia me segurou no braço, encostamo-nos à parede, do lado contrário onde estava o encarnado. Vimos um desencarnado.

— Este é Gumercindo, meu ex-esposo — falou Olívia, aproximando-se mais de mim.

Observei-o, era um desencarnado desarmonizado. Seu aspecto era de um homem comum, embora estivesse sujo, cabelos despenteados e barba malcuidada. Senti que Olívia o via diferente de mim. Para ela, Gumercindo era horrível, quase um monstro.

— Ele não nos verá — afirmei.

— Mas verá o moço!

— Acho que não — respondi.

Gumercindo parou, algo na sala estava estranho para ele. Era nossa energia. Não se sentiu bem, lembrou-se da esposa e ficou inquieto. Como Leandro estava parado sem se mover, o ex-dono da casa não percebeu sua presença. Olhei fixamente para ele, pedindo que não olhasse para o lado onde o moço estava. Como ele sentia que algo ali estava diferente, fixou sua atenção para o local onde estávamos, Olívia e eu, e não olhou para o lado em que o invasor encarnado permanecia imóvel. Gumercindo resolveu ir dormir e foi para seu antigo quarto. Quando Olívia não o viu mais, explicou:

– Esta é minha nora, a Diva, boa moça.
– Quem mora aqui? – quis saber.
– Diva, Celina e Iron, ou eles e os desencarnados, pois são três mais alguns visitantes.
– Vamos atrás do Gumercindo.

Puxei Olívia. No corredor havia muitas portas fechadas, eram quartos e banheiros.

– Este é o quarto da Diva – informou Olívia. – Dorme aqui, perto das salas e da cozinha. Gumercindo costuma ficar no nosso antigo dormitório.

De fato, encontramo-lo num quarto amplo, simples, decadente como a casa. Gumercindo estava deitado numa cama de casal, com os olhos abertos, pensativo, sentia que algo não estava bem e não entendia o que era. Aproximei-me dele. Olívia preferiu ficar encostada na porta, observando.

Entendi o que ocorria com Gumercindo. Ele não nos viu, vibrávamos muito diferente. O antigo proprietário da casa conseguia ver apenas desencarnados como ele ou encarnados. Mas nossa vibração o incomodava, inquietava-o, porque não conseguia saber o que estava diferente. Desencarnados como ele vivem ora sabendo que seu corpo físico morreu, ora se iludindo tanto que pensam que nada

aconteceu e que permanecem encarnados. Vibrei para que
adormecesse. Ele foi ficando com sono e dormiu. Expliquei
a Olívia:
— Seu ex-marido dormirá o tempo que determinei. Assim,
você poderá agir com tranquilidade, e ele não nos atrapalhará.
Vamos voltar à sala.
— Diva pensou que Leandro era um desencarnado —
comentou Olívia.
— Diva é médium? Consegue ver desencarnados? — perguntei.
— Ela vê vultos, quem vê mesmo é a mocinha. Mas elas
nem sabem o que é ser médium e nem o que é "mediunidade".
Passamos pelo corredor. A única luz, acesa de forma
precária para os encarnados, era a da cozinha. Leandro
dirigiu-se para lá e estava comendo, quando, sem que percebesse, uma porta da esquerda, onde havia outros quartos,
abriu-se, e uma jovem muito bonita, morena, de camisolão,
caminhando sem fazer barulho e com uma espingarda nas
mãos, observou o visitante, sorriu nervosa, apontou a arma
para ele e gritou:
— Diva!
Leandro estremeceu, e Olívia me informou:
— Esta é Celina, a outra moradora encarnada da casa.
Celina continuou gritando.

três

A Casinha nos Fundos

LEANDRO levantou as mãos e engoliu o bolo. Diva veio apressada, olhou o moço e comentou:

– Não é alma! Um ladrão! Mas o que pode alguém querer daqui?

– Ele vai explicar – falou Celina – e bem direitinho. Se não, atiro nas pernas dele.

Uma gargalhada.

Um desencarnado, no canto da cozinha, riu. Leandro arrepiou-se, viu o vulto e o ouviu gargalhar.

– Fique quieto aí, bobo alegre! Não se intrometa! – ordenou Celina ao desencarnado.

– Este é Emílio, *outro morador do Além da casa* – informou-me Olívia.

Observei Emílio, era um espírito vestido com roupas do século 19. Estava achando realmente graça, mas, ao escutar Celina, ficou quieto, segurando o riso.

— A mocinha é capaz de atirar? — indaguei.

— Não creio — respondeu Olívia. — Celina é um amor de pessoa. Mas para se defender ou defender os dois, talvez. Espero que o moço não nos crie problemas, mas nos ajude a solucioná-los.

Resolvi ficar olhando, realmente não tinha outra escolha. Encarnados fazem o que querem, ou melhor, fazemos com o nosso livre-arbítrio o que queremos.

Diva deu uma rápida olhada no moço e foi ficar perto de Celina. As duas examinaram-no por um minuto, deixando Leandro apavorado.

— Como se chama? — perguntou Diva.

— O que faz aqui, ladrão? — indagou Celina.

— Eu? — falou Leandro.

— Você sim! — exclamou Celina, alto. — Existe por acaso outro intruso aqui? Responda logo!

— Não fique nervosa, moça. Posso explicar.

Silenciou por um instante. Leandro tentava achar uma explicação. Diva sentia muito medo e perguntou baixinho a Celina:

— Será que ele está sozinho?

Celina, mais corajosa, continuava apontando a arma para ele e repetiu a pergunta, ameaçando-o.

— Você está sozinho? Que veio fazer aqui?

— Estou sozinho. Meu nome é Leandro. Vim aqui porque estava passando pela estrada e senti fome. A vidraça estava aberta e entrei. Saio já!

— Não sai, não! — determinou Celina. — Fique quieto com as mãos para cima se não quiser levar um tiro.

Leandro não se mexia. Pensou que a moça poderia mesmo atirar.

— Você está mesmo sozinho? — quis Diva saber.

— Estou sim, senhora. — respondeu Leandro.

Diva suspirou e Celina exclamou:

— Em ladrão não se confia!

Celina, sempre olhando fixamente para ele, deu dois passos para trás e se certificou de que o desencarnado continuava no canto da cozinha. Agora, Emílio estava quieto, perdera a vontade de rir. Ela perguntou mentalmente a ele: "O ladrão está sozinho mesmo? Responda, seu imprestável!"

— *Nem pede "por favor"!* — Emílio respondeu. — *Menina malcriada! Mas respondo assim mesmo: está sozinho! Embora esteja sentindo algo estranho e...*

"Está bem, agradeço!", pensou Celina.

— Ele está sozinho! — falou Celina para Diva.

— Como sabe? — perguntou Diva.

— Emílio disse.

Leandro concluiu, aflito: "Minha cliente não me contou que a casa era habitada por loucas. Estou perdido! Se elas me matarem, ninguém saberá".

— Vamos amarrá-lo — decidiu Celina. — Diva, pegue aquela corda que está no cômodo do quintal, creio que está atrás da porta.

Diva ficou receosa, não sabia o que fazer. Celina percebeu e pediu:

— Diva, vá lá, é muito perigoso ficar aqui com este sujeito sem prendê-lo. Emílio pode ir com você. Emílio! — chamou alto. — Por favor, vá lá fora, olhe bem, e, se não vir ninguém, volte e acompanhe Diva, que irá pegar a corda.

O desencarnado Emílio levantou-se rápido e desapareceu. Voltou em seguida e falou a Celina:

— Dona Diva pode ir, não há ninguém lá fora, nem o mandão do senhor Gumercindo está por aqui.

Percebi que Diva via alguns espíritos ou vultos, mas não os ouvia. Celina, por sua vez, conversava com Emílio com muita facilidade. Admirei a mocinha, possuía uma mediunidade extraordinária. Ela não nos viu porque, no momento, achamos que era o melhor. Desencarnados com conhecimentos podem escolher serem vistos ou não por médiuns.

— Pode ir, Diva! — pediu Celina.

Diva entendeu que tinha de ser corajosa, abriu a porta e saiu. Emílio acompanhou-a. De onde estávamos, nós a vimos sair da cozinha apressada, ouvimos barulho de uma porta ranger e logo Diva retornou com uma corda na mão.

— Muito bem, Diva! — elogiou Celina, e dirigiu-se a Leandro — Ladrão, você será amarrado e torturado.

— Eu? Não fiz nada! Por favor! Só estava com fome!

— Diva — ordenou Celina —, vá até ele e verifique se ele tem alguma arma. Reviste-o!

Diva, embora com medo, fez o que Celina disse.
– Parece que não está armado!
– Ladrão pé de chinelo! Sente-se aí, nesta cadeira, com as mãos para trás. Rápido! – Leandro obedeceu, e a mocinha pediu à companheira – Diva, segure a espingarda e atire nele se eu ordenar. Vou amarrá-lo!

Diva nem sabia pegar na arma, e Leandro ficou sem entender se ela sabia ou não atirar. Resolveu obedecer porque o canivete continuava no seu bolso traseiro, seria fácil cortar a corda. Celina aproximou-se para amarrá-lo. Primeiro prendeu os pulsos, passou a corda na cadeira e depois imobilizou seus tornozelos.

"Ela sabe amarrar!", pensou ele. "Ainda bem que tenho o canivete ou... não tenho mais!"

Celina tirou tudo o que ele tinha nos bolsos.

– Pode colocar a espingarda na mesa, Diva. Vamos ver quem é o sujeito – abriu a carteira. – Ele se chama mesmo Leandro. Tem dinheiro, deve ter roubado de alguém antes. Isso prova que não estava com fome. Vamos queimá-lo com brasas.

Diva assustou-se, e Leandro mais ainda.

– Por favor, moça, não faça isso! – pediu ele suando, apavorado.

Diva chamou Celina para um canto da cozinha e falou baixinho:

– Celina, você tem coragem de queimá-lo?

– Diva, o sujeito entrou aqui, precisamos saber o porquê. Estou somente deixando-o com medo – falou alto. –

Vou deixá-lo preso e vamos dormir, amanhã o entregaremos para o delegado.

Celina pegou a arma e tudo o que tirou do bolso de Leandro e saiu, foi para seu quarto e trancou a porta. Emílio continuava observando.

– É melhor vigiar o cara, vou dormir aqui.

Deitou-se perto do fogão. Leandro não conseguia se mexer, estava muito bem amarrado. Pensou, aflito: "Que enrascada! Poderia ter tido outra ideia que não fosse essa de entrar aqui. Assombrações e loucas! Vou tentar dormir, amanhã tentarei convencê-las a me deixarem partir."

– *Creio que até amanhã cedo não teremos novidades* – falou Olívia para mim.

– *Podemos conversar com os habitantes do Além que vagam por aqui* – sugeri.

– *É mesmo, boa ideia, vou levá-lo para que conheça Aparecida.* – Olívia não me deixou responder, arrastou-me para o quintal e explicou – *Vamos visitar uma antiga moradora daqui. Aparecida foi empregada do sítio. Desencarnou há doze anos. Mora naquelas ruínas. Talvez seja melhor eu lhe dizer o porquê de ela estar ali. Quer saber?* – Novamente não esperou pela minha resposta – *Aparecida veio para cá menina, os pais dela trabalhavam para Gumercindo. A família mudou quando estava mocinha, e ela ficou e passou a morar naquela casinha, que agora está velha e abandonada, virou as ruínas que lhe mostrei. Aparecida foi amante do meu marido.*

Nas vezes em que ficou grávida, infelizmente abortou. Você está achando que não a perdoei? Perdoei sim e já tentei convencê-la a deixar este lugar e vir comigo, ofereci auxílio.

Olívia fez uma ligeira pausa. Abri a boca para falar, mas ela não esperou. Então resolvi ouvir calado, e minha companheira voltou a contar:

— Quando descobri que Aparecida era amante de Gumercindo, ela havia feito o primeiro aborto, conforme uma empregada acabou me contando. Eu, que queria tanto ter mais filhos, não conseguia, e ela ficou grávida e abortou. Aparecida devia ter se vendido, pensei, estava bem-arrumada e trabalhava pouco. Era uma moça ingênua, por isso não fiquei magoada com ela. Tinha meus problemas e achei que a melhor opção era fingir não saber, isso porque, conhecendo meu marido, se falasse seria pior, haveria brigas e seria surrada. Os dois continuaram amantes, e ela fez outros abortos. Desencarnar, para mim, foi um alívio, mas fiquei preocupada com o que deixei. Mãe aguenta muitas coisas pelos filhos.

Aproximamo-nos do casebre. Materialmente, estava sem móveis, havia furos no teto, uma porta que não fechava e janelas caindo. Mas, para nós do plano espiritual, o local estava plasmado. A casinha deveria estar como estava quando fora habitada, com móveis e nada quebrado.

— Aparecida! — chamou Olívia: — Vim visitá-la e me acompanha um amigo. Não precisa ter medo!

Uma mulher desencarnada abriu a porta da casinha plasmada e saiu. Ao ver a antiga patroa, inclinou-se e beijou sua mão.

– *Que Deus a conserve com saúde!* – Virou-se para mim e me cumprimentou: – *Boa noite!*

Respondi ao cumprimento. Aparecida pareceu aflita, torcia as mãos e, sem jeito, acabou por falar:

– *Dona Olívia, desculpe-me, é que Valdo, meu filho, está em casa... Espere, por favor, só um pouquinho. Vou pedir para ele sair. Às vezes ele é tão desagradável, infelizmente não consegui educá-lo.*

– *Não se preocupe, Aparecida* – respondeu Olívia. – *Vá e converse com ele. Se Valdo não sair, conversaremos aqui fora, a noite está muito agradável.*

Aparecida entrou rapidamente, e Olívia me explicou:

– *Valdo é um desencarnado que ia ser filho dela com Gumercindo. Um espírito vadio que fica perto de encarnados que bebem. Está sempre por aqui e exige dela cuidados de mãe. Antônio Carlos, não entendo como Aparecida consegue deixar este lugar assim, como era anos atrás. Consigo ver como está materialmente e como ela o imagina. Como ela consegue fazer isso?*

– *Fazemos muitas coisas automaticamente, sem entendê-las. Nós andamos, um pé na frente do outro, mas quantos músculos usamos para que isso aconteça? Como funciona esse processo? Penso que nem todos que andam sabem. E isso acontece com a nossa digestão, com os nossos pensamentos etc. Nós, que vivemos no Além, podemos fazer diversas coisas, mesmo sem entender como as realizamos, duas delas são: locomover-se e plasmar. Logicamente que o fazemos melhor quando conscientes* e da maneira correta. Para entender, é necessário aprender. Aparecida pensa com firmeza na casa como ela era quando a habitava e, tirando fluídos da natureza, consegue deixá-la assim. Porém, é capaz de fazer isso somente neste espaço, pois não aprendeu como fazer. Muitos desencarnados, ao querer, pensar fixamente em objetos, principalmente nos que lhes pertenceram, fazem com que eles surjam sem que entendam como. Todos nós temos o potencial para isso. Com o estudo, direcionamos esse potencial e atuamos corretamente, assim como os estudiosos chamados de "engenheiros espirituais", que, após muitos cursos e treinamentos, constroem tudo de que usufruímos na espiritualidade: cidades, postos de socorro, abrigos etc.

Aparecida surgiu e, encabulada, explicou:

– Valdo está querendo dormir e não quer sair, mas podemos nos sentar aqui, neste banco.

Sentamos.

– Como você está, Aparecida? Continua não querendo morar comigo?

– Não a entendo – respondeu Aparecida –, traí a senhora e ainda quer me ajudar? Com certeza atrapalharei se aceitar a proposta. Não sei fazer nada. Acho que nem cuidar de uma casa eu sei.

– Você aprenderá – incentivou Olívia.

– Por que mora aqui? – perguntei, resolvendo interferir.

– Eu? Bem, tenho de morar. Benedito exige, e Valdo me vigia. São meus filhos – respondeu Aparecida.

– Filhos que não teve – disse Olívia.

— Mas são meus, eles assim o querem.

— Antônio Carlos — explicou Olívia —, Aparecida ia ter alguns filhos e...

— Abortei-os — interrompeu Aparecida. — Fiz isso! Não os deixei nascer. Três deles me perdoaram. Um nem cheguei a ver. Abortado, foi embora. Mas dois, Benedito e Valdo, castigam-me, e eu mereço. Sou mãe deles. Benedito sente ódio de Gumercindo. Queria ter sido filho dele, mandar nestas terras, ter herdado sua fortuna. Não me perdoa. Foi abortado duas vezes. Vem aqui vez ou outra e, quando o faz, exige que Valdo me vigie.

— Como você fazia os abortos? — quis saber Olívia.

— Tomava ervas que Gumercindo me trazia. Se não dava certo, ia à casa de dona Filó, e ela retirava o feto. Uma vez quase morri com hemorragia. E acabei morrendo com câncer nos ovários e útero. Sofri muito para morrer, ou seja, desencarnar.

— Dona Filó — explicou Olívia para mim — era uma senhora que morava uns três quilômetros abaixo do riacho. Benzia, fazia remédios com ervas e somente agora estou sabendo que fazia abortos. — Virou-se para Aparecida e perguntou: — Você sabe o que aconteceu com dona Filó?

— Benedito me contou que ela, ao morrer, foi levada para o umbral. Foi julgada pelos seus desafetos, principalmente pelos espíritos que ela ajudou a abortar, e sofre muito por lá.

— Benedito não vê o Gumercindo? — indaguei.

— Não, Benedito não o julga culpado ou não pode lutar com ele. Penso que meu filho não conseguiria castigá-lo como faz comigo. Quando Benedito está de mau humor, ele me bate

com o chicote. Valdo às vezes some, deixando-me preocupada.
É que ele bebe.
— Valdo vampiriza os encarnados? — perguntou Olívia para mim.
— Com certeza — respondi.
— Como ele consegue fazer isso? O que é "vampirizar"? — quis Olívia saber.
As duas me olharam atentas. Expliquei:
— "Vampiro" é todo o ser que, de maneira indevida, vale-se das potencialidades dos outros. Espíritos vampiros sugam a substância vital de encarnados e de muitos recém-desencarnados. Isso ocorre quando não encontram resistência. "Vampirismo", então, é a ação de sugar energias. Atitudes de espíritos que não são evoluídos, que não possuem compreensão e que ainda estão arraigados nas paixões inferiores. Valdo, como tantos outros despojados de seus corpos físicos, fica junto a alcoólatras e fumantes, sorvendo as emanações fluídicas das baforadas de fumo e da bebida alcoólica. E ultimamente temos visto, infelizmente, em números crescentes, os usuários de tóxicos serem vampirizados de maneira deprimente. Normalmente, os que se denominam "vampiros" não ficam o tempo todo com os encarnados, encontram-se somente para usufruir do vício. Encontram-se somente para usufruir do vício. Chegam a marcar encontros em determinadas horas e em certos locais. Isso, em geral, não acontece a pessoas boas, que se nutrem de orações e bons pensamentos. Para agradar a Valdo e a tantos outros imprudentes, o interessante é sugar os que se afinam com eles. Pode acontecer de

ocorrer obsessões por afinidade, um desencarnado gostar de um encarnado e o querer com exclusividade, tornando o caso mais grave. Quando existe a vampirização, a sensação do uso de tabaco, álcool e outras drogas atinge igualmente os viventes dos dois planos.

Nós três ficamos em silêncio por instantes. Vendo que Aparecida estava distraída, pedi baixinho à Olívia:

– Entretenha-a, vou lá dentro conversar com Valdo.

Olívia virou-se para Aparecida e se pôs a conversar sobre assuntos corriqueiros.

Entrei na casa e vi Valdo deitado numa cama, com os olhos abertos, atento, tentando ouvir a conversa. Escutei seus pensamentos:

"É sempre perigoso quando dona Olívia vem aqui. Nem Benedito a enfrenta. Ela é a mãe que gostaria de ter tido, certamente não me teria abortado. Não gosto de olhá-la, seu olhar parece me penetrar. Não consigo escutá-los direito."

– Boa noite! – cumprimentei-o.

Valdo levou um susto e deu um pulo, levantando-se. Olhou-me temeroso. Cumprimentei-o novamente e me apresentei:

– Chamo-me Antônio Carlos, vim aqui acompanhando Olívia. Desculpe-me a invasão, queria falar com você.

– Comigo? Por quê? – perguntou ele, sentando na cama e muito atento a mim.

– Estou curioso para saber como se sente alguém que retribuiu o mal com o mal, vingou-se, e essa vingança se parece com água salgada, não sacia. Você está bem? É feliz?

– Você é irônico! Pergunta sabendo a resposta. "Está bem?" "É feliz?" Se respondo que estou feliz, certamente rirá. Basta me ver para saber a resposta. Mas, já que perguntou, vou lhe responder sem ser irônico: não! Não sou feliz!

– Não tive a intenção de ser irônico – afirmei. – Foi uma maneira de iniciar uma conversação. Mas quero ajudá-lo a mudar, a deixar de ser infeliz e a procurar a felicidade.

– É mágico? O que é "ser feliz" para você? O que é para você talvez não seja para mim.

– Concordo – respondi. – Certamente eu seria infeliz se tivesse de ficar sujo e tivesse que, para me satisfazer, sugar energias alheias.

– Você está me ofendendo? – perguntou Valdo, me olhando sério.

– Não tenho a intenção, estou somente sendo sincero. Estou respondendo à sua pergunta. Estar bem, para mim, além de evitar esses dois fatores que citei, é algo mais: é ter perdoado e ter sido perdoado, é viver com dignidade, orar, tentar ser útil, sentir gratidão, ver sorrisos, olhares tranquilos e saber que contribuí para alguém estar bem.

– Então é isso? Quer resolver meu problema ou o de Aparecida para se sentir bem? Quer sentir orgulho por ter dado migalhas?

Sorri, sentei-me ao lado dele na cama e exclamei:

– Você é inteligente! De fato, fico realmente feliz quando consigo auxiliar. Não podemos driblar as leis que nos regem, e uma delas é: fazemos a nós o que fazemos aos outros.

– Irônico de novo? Você deve saber que não faço o bem – Valdo deu um longo suspiro.
– Cansado? – indaguei.
– Sim, estou. Nada muda. A sensação de embriaguez já não me satisfaz. Não acho mais interessante ir a bares, escutar as mesmas conversas, ficar perto de algum encarnado que bebe para sugar suas energias...
– Por que você não pensa mais em si? Por que quer tão mal a si mesmo?
– Sou um miserável, não mereço outra coisa! – exclamou Valdo.
– Por quê?
– Sou rejeitado, sempre fui. Até Aparecida me rejeitou, não me aceitou como filho.
– Você tentou saber o porquê de ela não o ter aceitado? Aparecida teria motivos? – perguntei.
– Estou sem vontade de rir. Se não, daria uma gargalhada. Tem algum motivo que justifique o aborto?
– A justiça que nos rege – respondi – é perfeita, não taxando, para os mesmos erros, uma reação igual. Cada caso é específico. Aparecida era solteira, amante do patrão, sozinha, e Gumercindo não aceitava opiniões contrárias, mandava e queria ser obedecido. Penso que Aparecida não compreendia o que vem a ser o impedimento de uma reencarnação, e, mesmo assim, ela sentiu e sente muito remorso. E por esses seus atos já padeceu bastante. Será que a autopiedade não está sendo muito forte em você? – Como Valdo me olhava fixamente e não

respondeu, continuei: – Quantos acontecimentos desagradáveis nos acontecem? Muitos. Quando isso nos ocorre, devemos analisar qual foi a nossa falha, o que fizemos ou deixamos de fazer e se isso não foi uma reação de atos indevidos cometidos anteriormente por nós. Se nada disso ocorreu, devemos procurar entender o que a dor quer nos ensinar. No seu caso, talvez deva aprender a dar valor, nos períodos em que vivemos, encarnados e desencarnados, à família, a ser bom filho ou melhor pai. O que não podemos é colocar a culpa em outros e nos isentar dos erros. Você não a culpa para se justificar? Sente-se bem em culpá-la?

– Você não a acha culpada? – perguntou Valdo, querendo saber minha opinião.

– Tento não julgar ninguém, ainda mais sem saber dos detalhes e a versão de todos os envolvidos. Estou aqui para compreendê-lo e oferecer ajuda.

– Que ajuda? O que você me oferece?

– Gostaria de levá-lo para conhecer outra maneira de viver desencarnado – respondi.

– Não tenho educação para viver entre pessoas de bem.

– Não fiz exigências, não perguntei o que tem ou o que não tem. Não somos iguais, divergimos nas nossas maneiras de ser. Depois aprendemos, Valdo, aproveitando as oportunidades, modificamo-nos com o aprendizado. Se quiser, vou levá-lo para um abrigo onde a maneira de viver é diferente. Lá existem normas, porque sem elas dificilmente um local consegue sobreviver de forma adequada. Você conhecerá outras pessoas e entenderá logo que cada um tem sua história de vida, e todos estão querendo melhorar, ter paz e ser feliz.

– Acredita que posso ser feliz? – indagou Valdo, interessado. – Eu, um errado na vida?

– Já pensou que você é filho de Deus? Todos somos amados pelo Pai Criador. Você tem o livre-arbítrio para fazer suas escolhas, mas as consequências delas são e serão suas. Se pensar, raciocinar, entenderá que, ao ser abortado, poderia ter escolhido perdoar ou não. Perdoando, teria se afastado, seguido seu rumo, talvez logo tivesse reencarnado, e sua vida seria, com certeza, diferente. Ficou, não perdoou e resolveu ser juiz de sua causa e se vingar. Depois de anos, sente um vazio interior maior, a vingança não lhe deu a satisfação almejada e está infeliz.

– Acredita que havia motivos para eu ter sido abortado?

– Não sei – respondi. – Essa resposta é íntima. Penso, porém, que você fez disso um motivo para sentir dó de si mesmo e justificar sua maneira de agir.

– Você é sempre sincero assim? – quis Valdo saber.

– Tento achar sempre uma maneira diferente para falar com as pessoas, pois cada um é um ser especial. Com você, preferi ser direto, franco, por achar que merece isso.

– De fato – falou Valdo –, já escutei de outras pessoas que deveria mudar, umas piedosas, outras nem tanto. Você, porém, está me fazendo entender que, em vez de culpar alguém, devo perceber a minha responsabilidade e que uso a autopiedade para justificar meus atos. Não é isso?

— É sim — afirmei. — Todos nós temos tendência a fazer isso, culpar alguém pelos nossos erros. O importante é raciocinar e compreender o porquê de nossas atitudes e por que as temos. E mais importante ainda é mudar nossa maneira de agir. Ame, Valdo! Ame a si mesmo para amar a todos.

— E como minha mãe, ou seja, Aparecida, ficará? Benedito descontará nela o meu sumiço — Valdo me olhou nos olhos, e ele mesmo concluiu: — Você a levará também, não é?

— Pretendo, pelo menos eu me esforçarei para que isso aconteça. Preocupado com ela? — perguntei, olhando-o também. Não esperei pela resposta e pedi: — Para não preocupá-la com sua ausência, vá despedir-se dela, explique que irá embora.

Valdo levantou-se, abriu a porta e gritou:

— Aparecida! — Percebeu que não deveria gritar e falou: — Mãe Aparecida, posso falar com você?

Aparecida sorriu alegre ao escutá-lo dirigindo-se a ela de maneira carinhosa. Levantou-se rápido do banco e aproximou-se, olhando para ele.

— Vou embora — avisou Valdo. — Vou partir com este senhor que me ofereceu auxílio. Não quero mais viver assim.

— E... — falei.

Valdo me olhou sem entender, e eu lhe disse baixinho.

— Perdoe-a!

Valdo abaixou a cabeça, ficou indeciso por um instante e acabou por acatar minha sugestão.

— Mãe Aparecida, estou cansado de ser um pária, quero aprender a ser útil, trabalhar, talvez reencarnar e esquecer tudo. Culpei-a por ser infeliz, mas a culpa de viver assim é minha. Eu... a perdoo e... – olhou para mim, que somente mexi os lábios. Valdo repetiu: – peço-lhe perdão. – Torceu as mãos, abaixou a cabeça, lágrimas escorreram pelo rosto e, em ato de extrema sinceridade, exclamou: – Quero o seu perdão! Gosto de você! Perdoe-me por tê-la maltratado!

Aparecida tremia de emoção. Com certeza, se estivesse encarnada, teria perdido os sentidos. Com os olhos arregalados, duvidava do que ouvia. Eu abracei Valdo, também estava emocionado. Olívia estava admirada. Olhei para Aparecida, sustentando-a.

— Como sinto por não ter sido realmente sua mãe! – exclamou ela. – Obrigada por me perdoar. Orgulho-me de você!

Com a mão, convidei-a para que se aproximasse. Olívia empurrou-a com delicadeza. Abracei-os. Foi um abraço de reconciliação. Afastei-me. Os dois choraram, não disseram mais nada. Não precisava.

— Vamos, Valdo – convidei-o.

Despedi-me e avisei Olívia:

— Voltarei antes do amanhecer, não se aflija, Gumercindo não acordará.

Peguei na mão de Valdo e voltei com ele. Levei-o a um posto de socorro onde tenho muitos amigos. Pedi para abrigá-lo e o acompanhei para que conhecesse o local.

Deixei-o bem instalado. Tinha certeza de que se enturmaria. Ficou alojado numa ala em que muitos dos abrigados haviam sido alcoólatras quando encarnados, ou que, como Valdo, continuaram por algum tempo se embriagando pelo ato imprudente da vampirização.

    Voltei à Casa do Bosque.

quatro

O Contrato

ASSIM QUE cheguei à Casa do Bosque vi Olívia sentada sozinha num tronco de uma velha árvore no quintal. Sorriu ao me ver e me informou:

– Aparecida está muito contente. Ajudei-a a adormecer e a deixei na sua casinha. Por que você ajudou Valdo?

– Não programei nada. Ao ver Valdo, senti vontade de conversar com ele e o fiz – respondi.

– Não devemos mesmo perder oportunidade de fazer o bem, não é? Ainda não entendo o porquê de muitos, ao terem o corpo físico morto, ficarem vagando.

– A desencarnação – tentei explicar – é um fato natural, e muitos sofrimentos seriam evitados se todos a compreendessem e a aceitassem como continuação da vida em um estágio diferente. Se classificássemos, nós, os seres humanos, poderíamos afirmar que existem as pessoas muito boas, merecedoras de serem socorridas e de ter essa continuação da vida em lugares lindos.

Estes dificilmente saem de lá para vagar. As pessoas que são más ou muito maldosas desencarnam, afinam-se com seus semelhantes e quase sempre vão para o umbral. Enturmam-se, até que esta maneira de viver as canse e queiram mudar. Aqueles que, em grande parte, fazem o bem, mas ainda agem errado: uns são apegados, outros não perdoam, muitos necessitam de perdão. Desencarnam e muitos são socorridos, uma boa parte fica em abrigos. Outros permanecem nos abrigos somente depois de muito ir e vir. Necessitam de auxílio para se adaptar, para aceitar e para desapegar. Lá, aprendem a ser úteis e passam a fazer o bem. É um ajudando o outro. Fui ajudado e tento auxiliar. De fato, não devemos mesmo perder uma oportunidade de ser útil, de fazer o bem. Foi fácil tirar Valdo daqui, ele estava cansado da vida que levava, aceitou o que lhe ofereci.

– Fará isso com todos os desencarnados que vagam por aqui? – perguntou Olívia. – Se tiver intenção de fazer isso, aviso-lhe que não será fácil com Gumercindo nem com Benedito.

– Olívia – falei –, quando levamos um socorrido para um abrigo, devemos nós cuidar dele, porque não é certo deixar que os trabalhadores dessas casas de auxílio, já tão atarefados, façam o que nos compete. Você sabe bem que faltam servidores em todas as áreas, no plano espiritual e no físico. E somos responsáveis por aqueles que socorremos. Não tenho, no momento, como orientar Valdo ou acompanhá-lo na estadia de um socorro. Não é porque sou desencarnado que não tenho horários, tempo determinado para cada tarefa. São raros os espíritos muito evoluídos que trabalham na Terra e que podem fazer muitas coisas ao mesmo tempo. E estes, somente em raras exceções, trabalham junto a encarnados ou em tarefas comuns, que nós, os aprendizes, possamos fazer. Espíritos muito evoluídos normalmente organizam trabalhos, dão palestras em colônias de estudo, fazem tarefas que ainda não conseguimos.

– Mas temos algumas vantagens sobre os encarnados, não é mesmo? – indagou Olívia.

– Sim, quando nós, que vivemos no mundo espiritual, estamos aptos a fazer tarefas junto aos que estão no plano físico e de socorro, temos a nosso favor o fato de que não precisamos nos alimentar, dormir e nos locomovemos rapidamente. Mas nosso dia tem também vinte e quatro horas e fazemos uma coisa de cada vez. Felizmente, podemos trocar favores. Dou aulas nesse posto de socorro e levo, às vezes, alguns necessitados para serem abrigados lá. Valdo não está preso, ficará no posto se quiser. De fato, ao olhar Emílio e Aparecida, senti vontade de tentar ajudá-los. Com Gumercindo irei conversar, mas não creio que irei convencê-lo e, pelo que percebi, o mesmo acontece em relação a Benedito. Sentimos muitas vezes vontade de socorrer todos os desencarnados que encontramos vagando, mas temos que entender que um socorrido dá trabalho a alguém, pois ele necessita de cuidados. E, muitas vezes, não temos para dar o que a maioria dos que vagam almeja. Uns chegam em nossos abrigos querendo mordomias, desejam ser servidos, tentam fazer os servidores de empregados, exigem, não querem seguir normas, xingam e até têm ataques nervosos se contrariados e ameaçam quebrar tudo. Esses têm de esperar que a dor e o cansaço, como aconteceu com Valdo, façam com que aceitem com reconhecimento, gratidão, o que um posto de socorro, uma colônia, pode lhe oferecer.

– Vamos entrar – convidou Olívia. – Logo irá amanhecer, e Celina acorda cedo, tem que levar café para Iron.

Já havia ouvido Olívia falar de Iron, mas não o tinha visto. Onde estaria esse outro encarnado? Ela me pegou pelo braço e não esperou que a indagasse. Percebi que essa era uma característica de minha amiga: se não queria, tinha um jeitinho especial para não deixar o outro falar. Entramos na cozinha. Tudo ali estava do mesmo modo. Emílio dormia no chão. Os desencarnados que perambulam sem destino dificilmente se libertam do apego ao corpo físico. A maioria dorme. Para se alimentar, ou sentir como se o fizessem, vampirizam os encarnados, sugam as emanações fluídicas dos alimentos. Leandro dormia muito bem amarrado.

De fato, instantes depois, Celina, vestida com roupas simples, entrou na cozinha devagar, sem fazer barulho e olhou para Leandro, verificando que estava dormindo. Abriu a porta com cuidado para não fazer barulho e foi para o quintal.

– Ela vai tirar leite da vaca – Olívia me informou. – Aqui no sítio há, no momento, somente alguns animais: galinhas, porcos e duas vacas leiteiras. Celina tira somente o leite de que necessitam.

Vinte minutos depois, a mocinha voltou à cozinha com uma vasilha grande de leite. Acendeu um pequeno fogão, duas bocas de querosene, colocou água para ferver numa das bocas e, na outra, esquentou o leite. Pegou uma bandeja e colocou bolo, pão, bolachas. Muitos alimentos. O cheiro do café inundou a cozinha. Leandro acordou e, com os olhos semifechados, observou tudo. Fingiu continuar dormindo. Tentando não fazer barulho, Celina pegou a bandeja, onde colocou também uma caneca grande com café e leite, e entrou no cômodo. Quis ir com ela, mas Olívia me segurou. Escutei um ruído, que me pareceu ser um ganido. Prestando atenção no que escutava, ouvi novamente o estranho barulho, uma janela abrir, Celina falar baixinho e ligar um rádio. Leandro também ouviu o barulho e pensou serem uivos. Arrepiou-se, sentiu muito medo, mas ficou quieto. Não se mexeu porque não conseguia e sentia dores. Não esperamos muito, Celina voltou com outra bandeja, esta vazia, e jogou-a com força na mesa, fazendo muito barulho. Leandro assustou-se.

– Acorde, ladrão! – exclamou Celina, e foi à primeira porta do lado direito e chamou: – Diva! Levante!

Emílio também acordou, levantou-se e se aproximou do bule de café, sorvendo a fumaça. Ficou em silêncio, estava novamente sentindo que algo estava estranho. Éramos nós, Olívia e eu, mas ele não conseguia entender o que era.

Diva entrou na cozinha e disse:

– Estava esperando você me chamar. Que iremos fazer?

– Donas – falou Leandro –, quero, preciso muito, ir ao banheiro.

— Cale a boca! — ordenou Celina.

Diva olhou para Celina e, com um sinal, levantando as sobrancelhas, indicou com os olhos para a porta que ia para o cômodo. Celina também, com um ligeiro sinal de cabeça, indicou que tudo estava bem.

— Se eu não for ao banheiro, irei sujar a cozinha de vocês — avisou Leandro.

Diva chamou Celina com um aceno de mão, as duas foram para o quarto dela e fecharam a porta. Olívia e eu as acompanhamos.

— O que iremos fazer com ele? — perguntou Diva. — Para chamar o delegado precisaremos ir à cidade. E se não seguirmos a rotina, Cri irá gritar. Não quero o delegado aqui. Mas por que esse ladrão cismou de vir à nossa casa? Talvez devêssemos tê-lo deixado ir embora.

— Ontem — disse Celina — assustamo-nos, ficamos sem saber o que fazer e, pelo jeito, continuamos indecisas. O melhor é soltá-lo. Vou acompanhá-lo com a espingarda até o portão e ameaçá-lo. Vamos deixá-lo ir embora.

— Vamos fazer isso! — concordou Diva.

Voltamos à cozinha, Olívia falou baixo para mim:

— *Não quero que o moço vá embora.*

Leandro falou, assim que viu as duas:

— Se as senhoras me torturarem ou me matarem serão assassinas. Se chamarem a polícia, eles virão até aqui e contarei ao delegado e a todos da cidade que escondem alguém no porão.

As duas se assustaram ao escutá-lo, ficaram por instantes paradas, olhando-o. Leandro percebeu e voltou a falar:

— Moças, sou da paz! Por favor, não chamem a polícia, não é bom alguém vir aqui e saber o que vocês duas escondem naquele cômodo.

As duas se olharam e voltaram ao quarto.

— E agora? – perguntou Diva.

Olívia aproximou-se de Celina e pediu:

— *Converse com o moço, pergunte o que veio fazer aqui, o que quer, ofereça mais. Não o deixe ir embora.*

Celina não ouviu ou viu Olívia como ela via e ouvia Emílio. Isso porque ela não estava sintonizada com minha amiga como estava com aquele morador desencarnado da casa. Porém, recebeu a influência da antiga patroa e respondeu à Diva.

— Vamos perguntar o que ele veio fazer aqui. O ladrão escutou o Cri. Não é bom alguém saber da existência dele. Não quero meu irmão exposto como bicho. Vamos voltar à cozinha e fazer algumas perguntas a ele, escutaremos as respostas e voltaremos aqui para decidir.

Voltaram à cozinha, e Celina disse:

— Moço, ladrão, queremos saber, sem mentiras, o que veio fazer aqui. Com certeza não veio roubar comida e não temos nada de valor.

Leandro realmente queria ir ao banheiro, estava com fome, muita sede e sentia dores amarrado daquela forma. Resolveu ser sincero.

— Vim aqui para um trabalho! Não riam, por favor! Eu explico. Sou detetive e vim aqui para pegar uns documentos que minha cliente...

— Já pedi para não mentir! Quer levar um tiro? – perguntou Celina.

— Não, senhora, não quero. Por favor! – Como as duas ficaram em silêncio, olhando-o, Leandro resolveu explicar: – É verdade! Detetive investiga, procura coisas e pessoas. Aceitei o trabalho para procurar algo aqui.

— Quem o contratou? O que veio procurar aqui? – Diva quis saber.

— O nome da minha cliente é Consuelo – respondeu Leandro.

As duas se olharam e sentaram.

— Conte tudo – ordenou Diva.

— Essa senhora, Consuelo, pagou-me para vir aqui procurar uns documentos, não explicou bem o que era. Precisaria levar tudo que encontrasse escrito por um tal de Robson.

— Como está essa senhora? Qual é sua aparência? – perguntou Diva.

Leandro era esperto, quis agradá-la e respondeu:

— Muito feia! Consuelo está velha, acabada, é vulgar e desagradável.

— O que ela queria mesmo? – indagou Celina.

— Ela me pagou somente um terço do combinado, deu-me o endereço, ordenou que pegasse uns documentos e não falou de que se tratava.

As duas se levantaram.
— Por favor, não me deixem aqui. Estou sentindo dores, imobilizado assim. Aonde vão?
Foram ao quarto.
— Acho que agora ele está falando a verdade — disse Diva. — Consuelo foi amante de Robson, e o senhor Gumercindo me avisou que ela poderia me perturbar. Que documentos serão esses que ela quer?
— Robson morreu há muito tempo — falou Celina. — Será que ele deixou algum documento? Duvido! O senhor Gumercindo não ia deixar nada de comprometedor.
— Não sei se esses documentos existem e se estão pela casa. Meu sogro me alertou mais de uma vez sobre a possibilidade de essa mulher, a Consuelo, vir aqui. Ela não veio, mas contratou alguém para vir. Você sabe, Celina, que Robson foi amante dessa mulher e que ela teve dois filhos. O senhor Gumercindo afirmava que as crianças, hoje devem ser moços, não eram filhos de Robson, que ele deu dinheiro a ela, que casou e foi morar na cidade que Leandro citou. Meu sogro me pediu para não dar mais dinheiro a ela e me alertou que Consuelo provavelmente iria querer mais, para eu não ceder, não lhe dar mais nada. Você ouviu? A ex-amante do meu marido está velha e feia.
— Esqueça o passado, Diva. Robson não prestava, era igual ao pai. Vamos resolver nosso problema.
— E se eu lhe der dinheiro? Ele poderia trabalhar para nós! — opinou Diva.

– O que o ladrão poderá fazer para nos ajudar? – perguntou Celina.

– Ele não é ladrão, é um trabalhador, veio aqui pegar algo sem pedir e... não importa o que ele é. Talvez possa, sim, ajudar-nos. Quem sabe ele ache o testamento ou o que Robson escreveu?

– Você seria capaz de repartir a herança com os filhos dessa mulher? – indagou Celina, admirada.

– Não sei. Não há muito o que repartir. Se Robson deixou escrito que os filhos eram dele, creio que seria capaz de dar uma parte a eles. Quero sair daqui!

– E deixar o Cri? Ele é meu irmão!

– Você pode ficar aqui com ele – determinou Diva. – Deixemos esse assunto para depois. Vamos conversar com o moço.

Enquanto as duas conversavam, Emílio estranhou a ausência do ex-proprietário da casa. Achando que Gumercindo deveria saber o que estava acontecendo, foi procurá-lo e o encontrou adormecido na cama dele. Tentou acordá-lo, até o sacudiu. Nada, ele não acordou. Sentiu medo e resolveu ficar somente observando, interferiria somente se Celina o chamasse ou estivesse em perigo.

As duas voltaram à cozinha. Perguntaram a Leandro quanto Consuelo havia pagado a ele, e Diva propôs:

– Pago o triplo para nos ajudar. E não escondemos nada no porão ou no cômodo daquela porta. Temos um cão muito grande e bravo que está doente e o colocamos lá. Vamos fazer um contrato!

— Até assino — afirmou o moço. — Dou a minha palavra. Façamos o contrato.

Leandro fingiu acreditar que no cômodo havia um cachorro. Jurou fidelidade às duas e foi solto. Foi convidado a tomar o desjejum. Quando terminou, pediu:

— Posso ir buscar minha mochila? Deixei-a escondida numa árvore.

— Pode — determinou Diva.

Celina até achou que ele iria embora, mas logo Leandro voltou. Elas o alojaram num quarto, e ele pediu:

— Posso conhecer a casa?

— Sim — respondeu Diva —, mas não vá ao cômodo da cozinha, nosso cão pode mordê-lo.

— O cão e o gato são amigos? — perguntou Leandro, olhando para Celina.

Um bonito gato cinza e branco estava perto de Celina e olhava o visitante atentamente.

— O quê?! — Celina admirou-se.

— O cão bravo que está doente é amigo desse gato? — Leandro repetiu a pergunta.

— São amigos sim — respondeu Celina. — Os dois se entendem. Este é Félix! Meu gato! E nem ouse, ladrão, chegar perto dele.

— Gosto de animais, e esse gato é muito bonito. Mas por que me chama de "ladrão"? Meu nome é Leandro.

— Sei que você se chama Leandro, mas é um ladrão.

— Você espere aqui, Leandro — determinou Diva. — Irei ao meu quarto por alguns minutos, e Celina precisa tratar dos animais. Depois o acompanho para conhecer a casa.

– Venha comigo, Félix! – chamou Celina.

Ela foi para o quintal, porém o gato não a acompanhou, ficou olhando para Leandro como se o vigiasse.

– Nesta casa até o gato é louco! – exclamou ele, baixinho, e suspirou.

Foi até a janela e olhou o quintal, viu Celina dando alimento às galinhas.

"Nunca vi uma mulata tão linda assim! Que sorriso encantador!" – pensou.

Celina, disfarçadamente, olhou para a janela e viu Leandro. Pensou:

"Ele tem trinta anos. Pela sua carteira de trabalho, teve muitos empregos. É agradável e bonito."

Diva acompanhou-o para conhecer a casa. Depois, como Celina terminou sua tarefa, os três se reuniram na sala.

– Nós duas – explicou Diva – já procuramos esses documentos por toda a casa e não os encontramos. Você, como é detetive, talvez tenha alguma ideia de onde possam estar, isso se eles realmente existirem.

Leandro pensou: se elas, que moravam ali, já haviam procurado e não haviam encontrado, é porque esses papéis deviam estar num local muito difícil. Olhou para os quadros, havia alguns nas paredes, a maioria era de fotografias. Ele os examinou com os olhos.

– *Olívia, você sabe onde estão esses documentos?* – perguntei.

— Nem sei se existem documentos — respondeu ela. — Desencarnei antes de Gumercindo. Estive doente, saía pouco de casa e era totalmente alheia aos negócios dele.

— Pelo que entendi, Diva está aqui obrigada — comentei.

Olívia não respondeu porque Leandro falou:

— Acredito que vocês duas tenham procurado. Mas procuraram atrás dos quadros? — Tirou um da parede e olhou, examinando-o. — Não precisam responder, eles estão limpos. O "atrás" a que me referi é: debaixo deste forro, deste papelão?

— Você está querendo desmontar os quadros de fotos? — perguntou Diva.

— Podemos abri-los, verificar, e, se não tiver nada, vocês colam de novo. Essas fotografias velhas são importantes?

Celina fez um sinal para Diva, e as duas se afastaram.

— Diva, vamos deixar o moço procurar da maneira dele. Nós nunca pensamos nessa possibilidade. Acho que ele teve uma boa ideia. São fotos antigas. O que irá fazer com elas quando se mudar daqui? Com certeza as irá tirar da moldura e levar somente algumas.

As duas se reaproximaram dele.

— Está bem — concordou Diva —, pode abri-los. Eu ficarei com você, e Celina fará o almoço.

— Antes, quero fazer uma pergunta: esta casa tem sótão ou porão?

— Não tem sótão — respondeu Celina. — Não está vendo o telhado? Nem forro a casa tem. O porão é um cômodo pequeno e não tem nada lá.

– E no cômodo do cachorro, tem algo lá? – quis Leandro saber.

Diva ia perguntar "Que cachorro?", quando Celina a cutucou e respondeu:

– Lá não tem nada, nem móveis e nenhum quadro.

– Vou então abrir todos os quadros – determinou Leandro.

Diva e ele foram pegar os quadros, iriam abri-los na sala. Celina foi fazer o almoço. Virei-me para Olívia e pedi:

– *Não será melhor eu saber o que acontece na Casa do Bosque? Como devo ajudá-la? O que quer que eu faça?*

cinco

A História de Olívia

DEIXANDO os encarnados atarefados, Celina fazendo o almoço, Diva e Leandro examinando os quadros e planejando abri-los sem danificá-los, Olívia e eu fomos sentar num pequeno e tosco banco no jardim. Acomodados, minha amiga começou a contar sua história com sua voz agradável.

– *Nasci numa família numerosa, meu pai era um fazendeiro rude e indelicado. Combinou meu casamento quando tinha quinze anos com o filho de um vizinho. Só que não nos conhecíamos, porque Gumercindo (era ele o marido escolhido), comprara terras em um lugar distante de onde morávamos e trabalhava nelas. Um ano e meio depois, meu noivo veio, conversamos e nos aprovamos. Gumercindo era um moço forte, simples, namoramos por um mês e o casamento foi realizado. Despedi-me de todos em casa e parti esperançosa com ele. Na minha família, creio que somente minha mãe se preocupou* comigo ou sentiu minha ausência. Vim para cá, local longe, foram dias de viagem. A casa, naquele tempo, era menor, sem conforto, fomos aumentando-a aos poucos. Gumercindo tinha lido muito livros e achava que os bosques descritos neles eram encantadores. Plantou muitas árvores, cercando a casa, e o muro foi construído anos depois. Colocou o nome do nosso lar de "A Casa do Bosque". Ele queria ter muitos filhos, e todos com nomes estrangeiros. Logo que cheguei aqui, me decepcionei, Gumercindo me tratava como uma empregada e trabalhava muito, não me dava atenção. Começou a me cobrar filhos. Eu também os queria, mas não ficava grávida. Orei muito, pedindo para engravidar. Depois de um ano e oito meses de casada, engravidei. Gumercindo ficou radiante, ainda mais por ser um menino. Três anos depois engravidei novamente. Meu marido tinha ido fazer uma pequena viagem. Estávamos em casa, Maria e eu, quando Iron nasceu, antes do previsto. Já tínhamos escolhido o nome antes, se fosse menino. A criança nasceu com má-formação física. Quando Gumercindo chegou e a viu, blasfemou e comentou: "Por que não matou este ser? Esta criatura não deve ser meu filho! É do diabo!" Sofri muito.

Olívia fez outra pausa para enxugar o rosto.

— Gumercindo tornou-se pior, passou a me tratar muito mal. Agradava Robson, o mais velho, e o mimava, não me deixava corrigi-lo. Escondemos Iron, ou meu marido o escondeu. A cidade, naquela época, era uma pequena vila, e não tínhamos amizade. Ele fez o muro. Os empregados da fazenda moravam do outro lado e ele ia lá dar ordens, foram proibidos de vir aqui.

Saía de casa raramente e tinha somente a companhia de Maria. Iron não foi registrado, batizado, ninguém, a não ser Maria, viu o menino. Nunca mais fiquei grávida, o parto de Iron foi mais difícil ainda que o primeiro, pensei até que morreria. Talvez seja por isso que não engravidei mais. Para meu esposo, a culpa era toda minha de ter tido um filho deficiente. Fez o porão e nele uma cela com grades de ferro. Iron foi para lá com três anos. Minha vida encarnada não foi nada fácil, fui traída, surrada, às vezes simplesmente pelo doce não ter ficado do gosto dele ou a sopa mais salgada. Para me defender, aprendi a ficar calada, tentava fazer tudo do gosto dele. Minha família, longe, não sabia de nada, minha mãe faleceu e meu pai casou-se de novo. Além disso, pela educação que recebi, a mulher tinha de aguentar tudo do marido. Robson crescia forte, sadio, esperto demais. Iron também crescia, cada vez mais feio. Ainda bem que Gumercindo saía muito, e, quando se ausentava, eu ficava mais tempo no porão com meu filho.

Nova pausa, com suspiro.

– Recordar, Olívia – opinei –, não é fácil. Não precisa contar sua vida, se não quiser. Diga somente o que quer que eu faça.

– Não quer me escutar? Para mim está sendo bom falar, recordar.

– Então, por favor – pedi –, continue, está muito interessante; embora seja um relato triste, está sendo prazeroso escutá-la.

– De fato –, prosseguiu Olívia –, acontecimentos tristes nos marcam mais, porque gostamos de ser vítimas. Mas tive alegrias também. Amei ser mãe, receber de Robson abraços carinhosos. Gostei de morar aqui. A casa foi aumentada como quis, sempre tive o que comer, vestir, fui eu que plantei muitas destas árvores. Tive uma grande amiga, a Maria. Gostava dos animais, aqui sempre teve muitos pássaros soltos a cantar.

— Olívia, continue — pedi, depois que ela ficou alguns instantes em silêncio.

— Maria casou-se com um empregado da fazenda, foi morar em uma das casas do outro lado. Ela continuou vindo me ajudar com Iron, e outra empregada cuidava das roupas, não entrava na casa para não perceber a presença dele. Ninguém mais soube dessa criança. Para evitar comentários, Gumercindo falava que eu era louca, tinha crises quando alguém entrava em casa. Como não queria que as pessoas vissem o meu filho, aceitava esses comentários sem desmenti-los. Maria teve uma filha, a Celina, e quando a menina estava com dois anos, o marido de Maria desencarnou, picado por uma cobra, e ela e a filha voltaram a morar conosco. Ajudei minha amiga a criar Celina. Mas a menina ficou órfã com cinco anos. Maria desencarnou de repente, talvez de uma parada cardíaca, um enfarto. Criei Celina, eduquei-a, fiz ir à escola, ensinei a ela tudo que sabia. A menina cresceu forte, sadia e trabalhadeira. Gumercindo nunca implicou com ela e não me impediu de agradá-la. Robson, quando pequeno, ia à cidade estudar; mocinho foi morar em outra metrópole para continuar estudando. Casou-se escondido com Diva. Quando a trouxe aqui, ela estava grávida. Gostamos dela, pelo menos eu gostei. Robson era irresponsável e tudo que fazia meu marido aprovava, começaram a brigar apenas quando nosso filho passou a gastar muito dinheiro. Nessa época, logo após o casamento deles, fiquei doente. Fui ao médico, tomei remédios, mas, infelizmente, fui piorando. Sofri muito, preocupada. Não queria morrer, desencarnar, tinha medo de deixar Iron. Nasceu Aldo, nosso neto. Gumercindo foi vê-lo, chegou em casa de bom humor, me contou que o menino era lindo e sadio. Aproveitei que ele estava bem e o fiz me prometer que, se eu morresse, ele cuidaria de Iron, deixá-lo-ia viver no porão. Ele prometeu. Três dias depois, meu corpo parou suas funções. Desencarnar, para mim, foi como dormir, e acordei no plano espiritual, numa enfermaria da colônia onde resido. Para mim, o melhor foi me recuperar de minha enfermidade aos poucos, assim pude me acostumar ao mundo espiritual e não sentir vontade de retornar para cá, para a minha antiga casa. O que ocorreu no sítio, neste período, soube somente depois. Recuperada e adaptada, visitava-os sempre. Gumercindo estava encarnado e não me via.

– Olívia, esqueça o marido que ele foi – aconselhei.

– As surras, pois apanhei até adoentada, acamada, doeram fisicamente e no meu íntimo, mas realmente as esqueci. Outros atos perdoei, porém, infelizmente, são mais difíceis de esquecer. Ainda não consigo acabar com o medo que sinto dele. Você tem certeza de que ele não irá acordar?

– Tenho – afirmei –, Gumercindo está e ficará dormindo. Se ele não acordou com Emílio chamando-o, somente o fará quando eu despertá-lo. E somente o farei quando você quiser.

– Então Gumercindo corre o risco de dormir para sempre.

Sorrimos. Ficamos em silêncio por instantes. Pensei: "Ajudarei Olívia a resolver seus problemas e somente depois despertarei Gumercindo, conversarei com ele, oferecerei ajuda e dependerá de ele aceitar ou não."

Ouvimos gritos na sala. Olívia e eu fomos para lá.

– Veja! – mostrou Leandro. – Aqui tem um papel!

– Você tinha razão – comentou Diva. – O que será que está escrito neste papel?

– Números! Tem uns números escritos! – exclamou Leandro.

Celina veio à sala e perguntou:

– Por que gritaram? Acharam alguma coisa?

– Neste quadro com a foto do senhor Gumercindo –, explicou Diva – encontramos este papel. Tem somente alguns números por escrito.

– Parece ser uma combinação de cofre – falou Leandro.

– Mas aqui não existe cofre! – exclamou Diva, preocupada.

– Tem pessoas que costumam esconder cofres – comentou Leandro.

– Esconder? Onde? – perguntou Diva.

– Dentro de armários, de roupeiros, atrás de quadros –, explicou Leandro e, virando-se para Celina, perguntou: – Onde você estava? Quando encontramos o papel gritamos, você demorou para vir aqui.

– Não tenho de lhe dar satisfação, ladrão! – respondeu Celina. – Trabalho! Não sou como certas pessoas que não param em empregos. Estou fazendo o almoço!

— Celina, — pediu Diva —, não precisa responder assim.

— Ele que não me provoque — falou Celina, alto. — Faça o que quero e quando quero e nunca mais me pergunte onde estou e o que estou fazendo.

— Vamos almoçar — convidou Diva, interrompendo Celina —, estou com fome. Depois olharemos os outros quadros e procuraremos o cofre.

Sentaram à mesa e foram se servir.

— Por favor, você poderia comer direito? — pediu Celina.

— Estou comendo! — respondeu Leandro. — Por acaso, não levo a comida na boca como você e não a engulo?

— Vamos almoçar em paz! — pediu Diva, tentando evitar nova discussão.

Leandro, então, percebeu que as duas se serviam como se estivessem num restaurante de luxo. Colocavam o guardanapo no colo, usavam os talheres com etiqueta.

— Desculpe-me — lamentou ele —, não sei e...

— Não se acanhe, observa-nos e aprenderá — incentivou Diva.

Almoçaram em silêncio. Leandro observou-as e tentou imitá-las. De vez em quando, olhava para Celina.

"Morena bonita, mas geniosa!" — concluiu.

— Costumo dormir um pouquinho depois do almoço. Vocês fazem a sesta? — perguntou Leandro.

— Não! — respondeu Celina. — Temos muito o que fazer. Ainda não lavei roupas hoje. Tem a cozinha para limpar, animais para tratar e, depois, dormimos cedo, se descansarmos durante o dia, a noite se torna longa demais.

– Então não dormirei. Quero ajudá-las nos serviços da casa. O almoço estava muito saboroso – elogiou ele.

– Vou lavar as louças e dar uma arrumada na casa; você, Celina, pode fazer as rações dos animais – determinou Diva.

– Celina, por favor, posso acompanhá-la? – pediu Leandro. – Gosto muito de animais e nunca tratei deles, gostaria de aprender.

As duas trocaram olhares e Celina concordou com um gesto de cabeça.

– Depois das tarefas, voltaremos aos quadros – falou Diva.

Celina e Leandro saíram para o quintal, a garota colocou-o para misturar as rações e os dois passaram a conversar sobre os animais. Diva foi ao cômodo, voltou depois de trinta minutos com outra bandeja vazia e foi limpar a casa e lavar a louça.

Convidei Olívia para continuar sua narrativa. Sentamos novamente no banco do jardim.

– *A vida continuou para mim no plano espiritual. Livre dos reflexos do corpo físico, sentia-me sadia e aprendi a ser útil. Aqui, na Casa do Bosque, a vida também continuou. Diva teve uma filha, são dois: Aldo e Alice. E Robson, que era tão apaixonado, não a queria mais, conheceu Consuelo e se tornaram amantes. Consuelo teve Fábio, creio que este seja filho de Robson, mas a segunda filha, Mariana, não sei. Quando nasceu, a amante do meu filho tinha outros envolvimentos. Robson, escondido do pai, fez grandes dívidas, dinheiro gasto com a amante. Gumercindo, para pagá-las, vendeu um pedaço da fazenda. Pela primeira vez ficou furioso com o filho e obrigou-o a largar Consuelo e a vir morar aqui. Diva soube do envolvimento do marido. Foi para ela um período difícil, porque em seis meses havia morrido sua mãe e depois, o pai. Ela tem dois irmãos que moram longe e uma irmã que na época estava adoentada. Vieram com os filhos para cá, e Gumercindo prometeu a ela que Robson ia ser um bom esposo. Mas...*

Olívia enxugou as lágrimas. Respeitei seu silêncio de uns três minutos. Ela se refez e voltou a contar:

– *A casa ficou alegre. Diva era educadíssima, elegante, agradável e as crianças, felizes. Meus netos nunca viram Iron. Quando crescidas, souberam que no porão morava uma pessoa com problemas mentais e que tinha de ficar presa porque era perigosa. Foi um período tranquilo. Mas Robson tratou logo de enganá-los: ao pai e à Diva. Fez dívidas novamente com jogo e com mulheres. Gumercindo, quando descobriu, ficou revoltado, e os dois brigaram. Robson disse ao pai que ia embora com a família. Gumercindo se desesperou. Por ironia, meu ex-esposo, que nunca amou ninguém, nenhuma mulher, apaixonou-se por Diva e sentiu ser impossível viver sem vê-la. Ele agradava a nora, tratava-a muito bem. Achou que o filho iria deixá-lo pobre. Novamente vendeu mais terras para quitar essas dívidas. Eu soube que não precisava vender nada, meu ex-marido tinha* dinheiro guardado. Porém, ele estava cansado de trabalhar, quis diminuir a fazenda, ter menos empregados e ficar mais em casa. Concluiu que não era justo ter trabalhado tanto para Robson gastar tudo e deixá-lo na pobreza. Resolveu o problema da maneira que achou mais simples. Matou o filho!

Olívia olhou para mim, pensando que ficaria admirado, permaneci tranquilo e disse somente:

– Perdoe, minha amiga!

– Mas já perdoei! No começo do meu casamento até o amei, depois o tolerei, temia-o e ainda tenho medo dele. Sofri muito com suas atitudes. Mas isso foi demais! Matar nosso filho para não correr o risco de perder sua fortuna e para não ficar longe da nora! Ele ama Diva até hoje. Perdoei-o, mas, por favor, não sou perfeita ainda a ponto de dizer: quero-o bem! Sinceramente, queria vê-lo redimido, mas longe de mim.

Sorri com sua sinceridade.

– O tempo passa e você ainda irá querê-lo bem – afirmei.

– Por agora, é um alívio saber que está dormindo. A ajuda maior que queria de você era não deixar ele me maltratar. Uma vez vim aqui para visitá-los e Gumercindo já estava desencarnado. Ao me ver, quis me bater, agredir, assustei-me e volitei rápido para a colônia.

Nova pausa.

– Antônio Carlos, Gumercindo falou para Diva e Celina que Iron era filho de Maria e que ela morrera no parto dele; que ele prometera a Maria e a mim cuidar dele, deixá-lo no porão. Robson duvidava, mas, para ele, era preferível essa versão do que ser irmão de Iron. Robson realmente, na última briga com o pai, planejou ir embora. Iriam morar com a irmã da Diva, a Diná, que era solteira e na época tinha um bom emprego. Gumercindo, à noite, quando todos estavam dormindo, ficou na cozinha com Robson, embebedou-o e, sem hesitar, torceu seu pescoço, colocou seu corpo inerte sobre o cavalo dele, levou-os ao pasto e soltou o animal. Depois de fazer isso, Gumercindo foi dormir. Acordou de manhã, com os gritos de um empregado que encontrou o corpo de Robson caído no pasto. Concluíram que ele, bêbado, caíra do cavalo. Ninguém viu o acontecido, nem Emílio, que estava sempre por aqui. Meu ex-esposo fingiu sentir a morte do filho. Diva tentou disfarçar, porém ficou aliviada. Aldo e Alice até sentiram, mas infelizmente Robson não se importava com eles, não foi bom pai. Gumercindo, após o enterro, pediu para Diva ficar na casa. Ela aceitou o convite, porque não tinha no momento para onde ir; sua irmã, a única pessoa com quem poderia contar para auxiliá-la, fora demitida no dia anterior à desencarnação de Robson e não poderia mais ajudá-la. Meu filho não tinha nada em seu nome, ela não herdaria nada. As crianças estudavam na escola da cidade, iam de charrete. Quando o crime aconteceu, Aldo terminava a quarta série e Alice estava na terceira série. Gumercindo achou uma solução conveniente para afastar as crianças daqui. Diná estava desempregada e com dificuldades de arrumar novo emprego, e ele ofereceu um. Comprou um bom apartamento na cidade onde Diná residia para que morasse e hospedasse Aldo e Alice, e ainda pagaria a ela para cuidar deles. Diva ficou contente e agradecida, quis ir também, mas Gumercindo argumentou necessitar dela aqui, e que somente faria isso se a nora ficasse. Assim, meus dois netos foram para lá, gostaram muito e não quiseram voltar. Diná é uma boa pessoa, cuida deles com carinho.

Olívia suspirou profundamente. Lembranças tristes nos deprimem. Ficou calada por um instante. Pensei até que não ia mais contar, quando retomou a narrativa.

– Robson não conseguiu entender que desencarnou, ficou muito revoltado e perturbadíssimo, achando ter somente sofrido um acidente. Que não conversavam com ele para castigá-lo. Diva não lhe dava atenção porque ele tinha amantes e o pai, por querer mudar do sítio. Diva é médium, sente a presença de desencarnados e, às vezes, vê vultos. Sentia Robson e o repelia, fora muito ofendida e traída. Celina passou a vê-lo e resolveu conversar com ele e lhe explicar que tinha morrido. Robson, zangado, quis agredi-la, e Emílio como sempre, defendeu-a. Ele pegou meu filho e amarrou-o numa árvore aqui no jardim. Como isso é possível, Antônio Carlos?

– A maioria das pessoas – respondi –, ao mudarem de plano, sentem os reflexos da vida do corpo físico e, se pensarem que ainda estão encarnados, tentam viver como se nada tivesse acontecido. Se caem, pensam que se machucaram e sentem dores. Precisam que lhes abram as portas para passar, têm de andar para ir aos lugares etc. Creio que Emílio prendeu-o usando de corda plasmada, talvez por ele, ou a recebeu de quem sabe plasmar objetos. Neste caso, Robson, acreditando estar encarnado, sentiu-se dominado, preso, amarrado com corda numa árvore. De fato, estava amarrado. Muitos desencarnados ficam imobilizados com a força de outros e presos com objetos plasmados. Raramente conseguem se soltar sozinhos.

– Obrigada pela explicação, foi isso que realmente aconteceu – agradeceu Olívia e continuou a narrar. – Pude vir vê-lo, mas não tive permissão para soltá-lo. Preso, ele gritou até a exaustão. Meu filho não conseguia me ver. Ele sentia dores pela mobilização, fome e muita sede. Pedi para orar. Nada, estava muito revoltado. Fiz com que ele se lembrasse de mim. Robson lembrou, sentiu saudades da mãe que sempre o acudiu. Sem ele me ver, dei-lhe água e alimentos. Meu filho estava tão perturbado que tomou a água e se alimentou sem entender como. Consegui que pensasse na possibilidade de Celina ter lhe dito a verdade. Ele recusou. Conversei com Emílio, pedi, roguei para libertá-lo. Foi depois de trinta dias que Emílio aceitou vir conversar com Robson, explicou-lhe que ambos estavam mortos, desencarnados. Contou-lhe que ele, bêbado, se acidentara, caíra do cavalo. Robson não se lembrava de ter saído naquela noite com o cavalo. Emílio o soltou, mas primeiro o fez prometer que não ia chegar mais perto de sua protegida. Robson foi solto, voltou para a casa, não se aproximou de Celina, passou a evitá-la, com medo de Emílio. Percebeu que seu corpo carnal tinha morrido, mas continuou revoltado e perturbado. Dois anos se passaram, ele sofria e acabou me pedindo ajuda. Pude então vir socorrê-lo.

– Você ficou todo o tempo aqui com ele? – perguntei, interrompendo-a.

– Quando ele estava preso, ficava mais tempo, depois vinha somente visitá-lo por trinta minutos duas vezes por semana. Estava trabalhando numa enfermaria numa colônia quando senti meu filho pensar em mim e me pedir ajuda. Assim que foi possível, vim aqui, abaixei minha vibração e ele me viu. Robson chorou muito, expliquei que ter o corpo morto pode ser confuso para quem não entende ou aceita essa mudança. Pedi, implorei para que viesse comigo. Ele quis, para amenizar seu sofrimento. Levei-o para um posto de socorro para onde me transferi, fui trabalhar lá para poder cuidar dele e de muitos outros. Meu filhinho, cansado de sofrer, foi grato. Educado, seguia as normas da casa, esforçava-se para se adaptar. Porém, ah! Sempre existe "poréns" e os "se" para nos complicar. Robson começou a pensar muito na sua desencarnação. Como ele poderia ter pegado o cavalo e saído? Onde teria querido ir naquela noite? Estava na cozinha bebendo com o pai e... Acabou por lembrar. O pai o matara. Revoltado, saiu do posto de socorro. Quando fui vê-lo, um senhor que ocupava o leito ao lado me contou de sua revolta e o porquê de ele ter sumido de repente. Mesmo sem saber como, volitou pela vontade forte. Concluí que voltara à Casa do Bosque. Assim que pude, vim para cá. Foi muito triste; Robson, desesperado, acusava Gumercindo. Não via mais nada, somente o pai. Não me escutou e nem me viu, perturbou-se e passou a obsediar o pai com muito ódio.

Olívia suspirou, triste.

– Você sofreu muito! – exclamei.

— Sim, muito — concordou ela. — Não queremos nunca ver um filho sofrer ou agir errado. Queria que Robson perdoasse o pai e ficasse bem. Pedi ajuda à direção da casa onde trabalhava. Recebi, pelas muitas horas trabalhadas, permissão para socorrê-lo. Veio comigo, para me auxiliar, um espírito que trabalha junto a encarnados. Ele adormeceu Robson, tirou-o daqui, levou-o para o centro espírita, onde é socorrista, para receber orientação numa sessão de desobsessão. A perturbação dele passou e, para amenizar sua revolta, foi lhe mostrado o que fez no passado. Ele, na sua encarnação anterior, matara duas pessoas, e foi assassinado nesta, recebeu a reação. Meu filho me viu, choramos muito, implorei para ele voltar comigo. Pude levá-lo novamente para um socorro, só que, desta vez, ele foi abrigado numa colônia longe daqui e, para que esquecesse, não fiquei perto dele, nos vimos pouco. Meu filho se recupera, começa a estudar, a ser útil e preferiu esquecer o passado. Quando o visito, conversamos sobre estudos, tarefas, não falamos do ocorrido. Robson não amou ninguém, gostava de mim, mas não me admirava, não éramos ou fomos afins, não gostou dos filhos, nunca se importou com os de Consuelo e nem com aqueles que teve com Diva. Faz, atualmente, uma terapia para aprender a amar. Gumercindo, quando obsediado, sentiu-se doente, com muitas dores no pescoço, dores que Robson sentia. Quando meu filho não sabia como tinha desencarnado, não sentia dores no pescoço, mas, quando soube, passou a senti-las. Gumercindo, achando estar muito adoentado, vendeu outras terras, fazendas, aplicou o dinheiro. Passou para Diva, Aldo e Alice tudo que possuía como usufruto. Mas não era somente a obsessão que o incomodava. Idoso, com o físico debilitado, estava com sérios problemas de pressão e coração. Robson afastou-se, Gumercindo não foi mais obsediado, mas foi piorando, passou meses doente. Ficou somente três dias acamado, e seu corpo físico parou suas funções. Permaneceu na casa e não se perturbou. Soube por Emílio que desencarnou, entendeu isso e continuou aqui como dono que sempre julgou ser. Sempre se sentiu proprietário, até das pessoas. Pensa ser dele tudo de que usufruiu e se tornou preso disso, não consegue sair do sítio. Até hoje não se arrependeu de nenhum de seus erros. Acredita mesmo que teve de matar o filho para não ficar na miséria. É apaixonado por Diva, e, com certeza, ele deve ter feito algo, mentido para mantê-la aqui.

Olívia puxou-me pelo braço e determinou:

– Vamos ver como se encontra a busca dos três?

Acompanhei-a até a casa.

seis

Iron, o Cri

OLÍVIA e eu entramos na casa, Leandro e Diva tinham aberto todos os quadros e não acharam mais nada. Celina veio à sala e informou:

— A água para o banho está quente.

— Aqui não tem chuveiro? – perguntou Leandro.

— Não temos, se quiser terá de se banhar jogando água no corpo – respondeu Celina.

— Aceito e agradeço. Onde tomo banho? – Leandro quis saber.

— Ora, no banheiro – falou Celina, com ironia.

Diva e Leandro, cada um num banheiro, foram se lavar. Celina colocou alimentos numa bandeja e foi ao cômodo, voltou logo e também foi se banhar. Reuniram-se depois, para jantar, e comeram em silêncio. Depois, Diva fechou a casa, Celina lavou as louças e foram à sala para conversar.

– Não encontramos mais nada nos quadros – lamentou Leandro. – Amanhã poderemos olhar em colchões, armários, e irei bater nas paredes para ver se existe algum lugar oco.

– Fará muito barulho? – perguntou Diva. – Quando bater nas paredes fará eco?

– Certamente fará barulho – respondeu Leandro. – Vou bater com a mão aberta e prestar atenção no som que fará. Por que pergunta? Não se pode fazer barulho?

As moças se olharam e Diva explicou:

– Nosso cachorro não gosta de barulho.

– Vamos então procurar primeiro nos móveis – determinou o moço.

As duas iam se recolher. Leandro achou muito cedo para dormir, mas não quis ficar sozinho na sala. Foi para o quarto e escutou-as conversando, porém falavam muito baixo, e ele não entendeu nada. Deitou e dormiu, estava cansado.

Na cozinha, elas realmente falavam baixinho, estavam preocupadas com o Cri. Celina esquentou vinho que pegou de um garrafão, colocou água e açúcar, Diva misturou a bebida e colocou-a numa caneca. Celina pegou-a e pediu:

– Diva, me espere aqui. Se o moço aparecer na cozinha, não deixe entrar no cômodo.

Rápida, passou pela porta, escutei-a descer as escadas. Voltou logo depois e falou baixinho à Diva:

– Cri não gosta de barulho. Pode ficar apavorado. Não é bom, ele pode se machucar e uivar. Você tem sentido o senhor Gumercindo?

— Não.

— Eu também não o vi desde ontem. Emílio me falou que ele está dormindo. Será que morto dorme?

— Se dorme, tomara que meu sogro durma para sempre — desejou Diva. — Uma alma a menos para ver. Vou dormir. Você trancou o cômodo? Tranque também a porta do seu quarto.

Foram dormir. Olhei Olívia e pedi:

— *Posso conhecer o Cri? Ele é Iron?*

— *Ele se chama Iron. Gumercindo chamava-o de Criatura, e as duas, Diva e Celina, acabaram abreviando para Cri. Ele atende por Cri. Se ele conseguir entender, deve pensar que chama Cri. Meu filho não tem uma aparência bonita. Quer mesmo vê-lo?*

— *Quero* — afirmei —, *gostaria de visitá-lo e ver como ele está.*

— *Vamos descer!*

A porta estava trancada, passamos por ela e entramos no cômodo. Ali estava muito escuro, aqueles que usam a vestimenta física com certeza não enxergariam nada. Mas nós, que não a usamos mais, podemos desenvolver a visão pelo estudo e pelo treino, para enxergarmos melhor no escuro. Assim, podemos ver objetos e pessoas que encarnados não conseguem nem perceber.

O cômodo era pequeno e não havia nada nele. A outra porta também estava trancada. Passamos por ela e vimos uma escada, somente cinco degraus altos. Descemos ao porão. Estava iluminado por um lampião. Olívia me explicou:

– Aqui tem uma lâmpada elétrica, mas elas deixam o lampião com querosene, porque a energia pode acabar. Isso costuma acontecer aqui no sítio. Cri não gosta de escuro.

Observei o local. Um cômodo somente. Estava dividido em duas partes. Na primeira, após descer os degraus, onde estávamos, havia somente uma cadeira. O chão era de terra batida.

– Aqui é uma janela – apontou Olívia. – Elas abrem essa janela durante o dia, para entrar sol e ar.

Olhei para o local indicado. A janela era de madeira e abria por um alçapão. Apenas uma parte, se destrancada embaixo, se erguia, deixando um vão grande.

– Ela abre para o quintal. Foi feita de tal modo que quem olhar de fora para dentro não vê a cela. Está escondida, é cercada por plantas espinhosas.

Na outra metade do cômodo estava a cela, fechada por grades fortes de ferro, no meio uma porta também de ferro, que estava trancada, e nela, um vão horizontal por onde certamente passavam as bandejas. Olhei a cela. Não havia nenhum móvel; num canto, um buraco, uma fossa. Deitado no outro lado, sobre palhas, uma pessoa.

– Ele não sai daqui para nada? – perguntei.

– Não! – respondeu Olívia. – Desde que ele entrou aí nunca mais saiu. Era ordem de Gumercindo. Meu marido me chantageava; se desobedecesse, ele mataria Iron. Nunca abri a cela porque temia que meu filho saísse e fugisse e as pessoas o vissem. Às vezes Iron se irrita, se debatendo. Ele parece ser forte, ter muita força, e poderia bater em alguém ou até matar. As duas, Diva e Celina, também sentem medo. Temem, se ele sair, que não consigam colocá-lo de volta e que fuja. Elas dão remédio para Iron dormir. Diná, a irmã de minha nora, consegue comprar o sonífero, manda para cá pelo correio, e Diva pega na caixa postal ou traz quando vai visitar os filhos. Com o remédio, ele fica mais calmo e dorme a noite toda.

Observei-o. O filho de minha amiga realmente não era bonito. A pele, suja por falta de banhos e pelas micoses, era escamosa. O tom de sua pele era branco amarelado com manchas escurecidas. Alto, robusto, o braço esquerdo bem menor, as mãos grandes desproporcionais como aos pés, cabelos ralos como a barba. Do olho direito tinha somente um sinal, o nariz era achatado. Ele estava dormindo, a boca era grande aberta e não tinha dentes. Era corcunda, tinha caroços na testa e uma verruga grande no queixo. Estava nu.

– Ele nunca gostou de roupas – explicou Olívia. – Sempre que o vestia, ele arrancava, rasgando-as. Quando está frio, acende a lareira, ali – apontou para a parede perto da cela. – Esquenta o cômodo e não tem perigo de ele se queimar. Este é meu filho!

– Vou examiná-lo!

Passei para dentro da cela. Bastou um rápido exame, olhá-lo com essa intenção, para perceber que Iron estava muito doente. Penalizei-me. Ele sentia muitas dores. Com certeza sua irritação era causada por elas. Os dentes deveriam ter lhe doído muito. Restavam alguns pedaços, muito careados, talvez ele os tivesse arrancado. Danificados pelas cáries, ficaram moles. Iron escutava, mas não tinha mesmo condições de falar, suas cordas vocais eram danificadas. Seus órgãos internos estavam enfermos, tinha diversas doenças dolorosas: úlcera estomacal; pedras nos rins; a coluna, pela sua curvatura, prensava os nervos e músculos, sofria também pelas dores reumáticas. Grave estava o coração, este seu órgão enfermo pararia a qualquer momento.

– Como está ele, Antônio Carlos? – perguntou Olívia, que entrara também na cela.

– Não demora e seu filho estará no plano espiritual. Seus órgãos vitais estão enfermos – respondi.

– Que bom! – exclamou minha amiga. – Espero, ansiosa, que isso aconteça.

– Você já conversou espiritualmente com ele, enquanto seu corpo adormece? – perguntei.

– Não. Sei que existe esta possibilidade, mas nunca tentei. Ele fala? É capaz de me ver? Falar comigo?

– Podemos tentar – respondi. – Esse espírito está há muito tempo preso neste corpo com deficiências. Seu perispírito recebe os reflexos do físico. Se quiser, tentarei fazer isso e você poderá conversar com ele. Peço-lhe para não se emocionar demasiado e, por favor, não chore, não demonstre pena. Seja otimista, diga que o ama.

Olívia concordou com a cabeça. Dei passes em Iron, movi as mãos pelo seu corpo sem encostar nele. Assim, o afastei, em espírito, do seu corpo físico. Devagar ele foi saindo em perispírito. Seu perispírito era diferente do corpo carnal. Estatura mediana, todos os membros proporcionais. Estava perturbado, sustentei-o. Ele não me viu, mas reconheceu Olívia de imediato. Não conseguiu falar, fez somente um ruído, mas consegui entendê-lo, ele disse:

— *Mãe Marcília! Que saudades!*

Refugiou-se em seus braços. Sustentei-os com meu carinho, com os meus melhores fluídos, com o que tinha de bom dentro de mim. Olívia falou com ele de maneira carinhosa.

— *Filhinho querido! Amo-o! Procure estar bem, logo poderá estar comigo.*

Repetiu muitas vezes que o amava. O encontro durou dez minutos. Peguei no braço dele para que voltasse novamente à veste passageira. Iron olhou seu corpo carnal e repeliu-o. Sentindo-se liberto momentaneamente, quando afastei seu espírito, sentiu vontade de estar em liberdade. Para ele, o físico era uma prisão. A maioria dos encarnados se afasta do corpo quando este adormece. Mas alguns, por diversos motivos, não o fazem. Algumas pessoas não se afastam por medo de não retornarem, ou por outros temores. O corpo é como ímã, atraí o perispírito e, enquanto estiver encarnado, retornará todas as vezes que se afastar de sua vestimenta carnal. Outros temem encontrar desafetos desencarnados e, infelizmente, há os que não querem nem ver afetos: para eles são mortos, fantasmas etc. Umas pessoas, adoentadas, preferem ficar perto do físico; e outros, como Iron, não saem por terem no corpo carnal realmente uma prisão que os priva de qualquer liberdade. Mas nem todos os doentes ou deficientes agem assim. Cada caso é realmente um caso. Adormeci a alma de Iron. Nosso perispírito pode dormir mesmo que estejamos encarnados, e o fazemos junto do corpo, ou no plano espiritual, enquanto não nos livrarmos dos reflexos físicos. Vestindo o invólucro corporal, ao dormir por muitas horas, o perispírito adormece algumas; em outras, pode ficar perto ou sair para fazer muitas atividades que podem ser boas ou não. Iron, sua alma, adormeceu, e coloquei-o com carinho no seu envoltório terreno, que continuava dormindo. Peguei no braço de Olívia, saímos da cela, do porão da casa, e sentamos novamente no banco do jardim.

– *Você não achou Iron feio? Não se assustou com sua aparência?* – perguntou-me Olívia.

– *Por que me assustaria? Deformidades físicas não deveriam assustar ninguém. Ele é doente.*

– *Sei que ele nasceu assim por reações a ações indevidas do passado. Mas por que tão deficiente? Como isso é possível? Existem muitos espíritos que reencarnam assim?*

– As deficiências – tentei explicar – *quase sempre são transmitidas do perispírito para o feto. Muitos fetos deficientes são abortados espontaneamente. Às vezes, basta o espírito ficar junto ao feto muito pouco tempo para drenar um pouco sua enorme desarmonia. Outros chegam a nascer, mas as dificuldades* são tantas que não sobrevivem. Infelizmente, sei de casos em que nenéns são deixados morrer logo após o parto. Atualmente, com exames que detectam essas anomalias, a grande maioria lamentavelmente é abortada. Para esses espíritos, mesmo um período curtíssimo no físico é válido. Iron com certeza estava muito desarmonizado quando reencarnou. A deformidade quase sempre é adquirida pelo remorso destrutivo pelos erros praticados. Às vezes, o remorso é tão forte, a vontade de autopunição é tão determinada, que deforma o perispírito. Este corpo, que usamos para viver no plano espiritual, pode ser modificado por nós. Maldade desequilibra, e, normalmente, o desequilibrado adoece. O aspecto externo demonstra, muitas vezes, o que se é interiormente. Quando o espírito, perturbado, perde a forma primitiva e é muito difícil reorganizá-lo no plano espiritual, na maioria das vezes necessita reencarnar, curar-se pelo sofrimento. Para harmonizar-se no corpo físico, normalmente se padece muito.

– Gumercindo é mau e não está deformado. Será que reencarnará com deficiência? – perguntou Olívia.

– Harmonia nos suaviza, dá tranquilidade, saúde, é um padrão de beleza que afins sentem mais do que veem. Um ser desarmonizado, principalmente se estiver encarnado, pode ter beleza física por algum tempo. Gumercindo cometeu más ações, basta vê-lo para sentir sua desarmonia. Mas o que pode deformar mesmo, como ocorreu com Iron, é o remorso. Muitos espíritos maldosos reencarnam com o físico saudável, isso ocorre até o plano espiritual interferir e a colheita obrigatória ter início ou ele se autopunir. O ideal seria todos nós que erramos repararmos nossos atos ruins com outros edificantes, pelo bem. Sabemos por relatos que no umbral existem julgamentos[1] em que desencarnados podem ter seus perispíritos modificados, como castigo, e se estes aceitam a deformidade por acharem serem justas, também podem reencarnar com deficiências. Porém, a maioria dos desencarnados modificados por esses julgadores pode voltar a ser como era com a ajuda de outros, ou pelo tempo, e por querer ser melhor. Mas quando se deforma pelo remorso e para se punir, é mais difícil voltar a ser como era. Muitas vezes, o físico age com um filtro.

– Iron não está mais com o perispírito deformado! Se não fosse pelo remorso, ele seria assim? Teria a aparência que vi há pouco, que abracei? – perguntou Olívia.

– Iron está com a aparência perispiritual do corpo físico que usou anteriormente a este. Não está mais com o perispírito deformado porque acha que já pagou pelos seus erros.

– Este fato lhe causa mais sofrimento? – quis Olívia saber.

– Iron, graças a Deus, sente que pagou sua dívida, que foi perdoado pelas suas vítimas e que está harmonizando com o sofrimento, sente que não precisa mais se punir. Quando desencarnar, viverá na espiritualidade com o perispírito que vimos. Quando se tem espiritualmente consciência de que o corpo físico é doente, sofre-se realmente muito. Pelo que percebi, Iron,

---

1. Se o leitor quiser saber mais sobre este assunto, leia o livro *Libertação*, escrito pelo Espírito de André Luiz, psicografado por Francisco Cândido Xavier, editado pela Federação Espírita Brasileira, Rio de Janeiro. (Nota do Autor Espiritual)

nos primeiros anos desta encarnação, não se sentia diferente. Quando percebeu e pôde fazer comparações, sofreu mais ainda.

— Você acha que ele ficará bem quando desencarnar? Poderá alguém que não o perdoou levá-lo ao umbral?

— Não vi aqui — respondi — nenhum desencarnado querendo vingar-se dele. Talvez seus inimigos, vendo-o assim, tenham se sentido vingados. Mas se houver ainda algum que não o perdoou e queira se vingar, desta vez não poderá levá-lo ao umbral. Iron sofre, sofreu muito, acredito que quitou pelo padecimento suas dívidas, seus erros. Ninguém mais poderá se vingar dele porque Iron não permitirá, agora tem consciência de que pagou pelos seus crimes e que não agirá mais com crueldade. O sofrimento ensina. Depois de tantos padecimentos, se fez merecedor de um socorro.

— Quando Iron nasceu — contou Olívia —, sofri muito ao vê-lo. Quando estava na vestimenta carnal, nunca entendi o porquê de ele ser assim. Não fui religiosa quando encarnada, ia raramente à igreja. Solteira, morava numa fazenda longe da cidade, e ia muito pouco a cultos. Casada, nem saía de casa, a última vez que fui à igreja foi no batizado de Robson. Orava sempre e aceitei a vontade de Deus, não me revoltei, somente padeci. Não acreditava que Iron fosse filho do demônio, como afirmava Gumercindo. Quando me senti adaptada ao plano espiritual, quis entender o porquê de esse espírito ter nascido assim. Foi possível saber, para compreender a misericordiosa justiça que nos rege. Uma orientadora me contou que Iron, anteriormente, fora feitor de uma fazenda de escravos, administrava-a para seus patrões, pois eles viajavam muito. Usava de crueldade, e todos o temiam. A vontade dele era matar os escravos que não o obedeciam. Porém um escravo custava caro, fazia falta e não era possível adquiri-los com facilidade. Os castigos que dava aos escravos eram desumanos. Marcava-os, deformando-os, principalmente os rostos, que cortava com faca ou queimava com ferro quente. Construiu no porão da senzala dois buracos em que os desobedientes passavam dias enfurnados. Alimentava-os para que não morressem. Fez inúmeras maldades, separou mães de filhos, casais, amigos. Mas tudo passa, ele desencarnou, muitas das vítimas se tornaram algozes e se vingaram. Iron tinha outro nome, sofreu muito no umbral, arrependeu-se, foi socorrido, mas infelizmente não se harmonizou, o remorso sentido fez com que continuasse deformado e ele reencarnou assim. E, como você me explicou, transmitiu ao feto sua desarmonia.

Olívia deu por encerrada sua narrativa. Percebi que havia mais acontecimentos e talvez aquele momento fosse o certo para ela conhecer toda a história. Indaguei-a:

– Por que Iron reencarnou aqui, entre vocês?

– Com certeza por causa de Gumercindo – respondeu ela.

– Olívia, Iron, ao vê-la, quando o afastei do corpo físico, falou mentalmente chamando você de mãe Marcília. Você sabe quem é?

– Sei, quando ele foi o feitor que lhe contei, sua mãe se chamava Marcília, e os dois se davam bem. Ela nada fez para impedir suas crueldades. Gostava que tivessem medo dela, de se sentir importante. Talvez ela o tenha educado assim, para ser mau.

— Marcília! Mãe dele! Marcília! — falei devagar.
— Ai! Meu Deus! — exclamou Olívia.

Minha amiga empalideceu, ficou trêmula, repetiu baixinho várias vezes a mesma exclamação. Depois ficou calada e acabou por chorar. Respeitei seu sofrimento. Como é difícil para nós sabermos dos atos ruins que fizemos. Mesmo entendendo que não mais os faríamos e até que a reação já fora recebida, sofremos por tê-los feito. Entristecemo-nos, envergonhamo-nos, e isso ainda é remorso. Não queríamos ter agido com crueldade, feito ações maldosas.

— *Fui Marcília! Lembro agora. Iron não veio atrás de Gumercindo, mas de mim. Está explicado por que sofri tanto nesta encarnação. Houve motivos! Cheguei até a me orgulhar do meu sofrimento, por ter perdoado, não ter me queixado tanto, não ter me revoltado. Intimamente, quando contava a alguém o que passei, sentia-me importante. Pensava: segui os ensinamentos de Jesus, sofri por prova e passei com louvor. Fui uma pessoa boa! Orgulhava-me por ter suportado tudo. Deveria ter pensado que poderia ter vivido reações. Agi errado, fiz atrocidades! Estou lembrando agora da encarnação em que fui Marcília. Minha desencarnação foi muito diferente desta última. Sofri muito, fui levada para o umbral, tornei-me escrava, mas meu pior sofrimento foi ver Iron sofrer. Cansada, arrependida, fui socorrida, quis reencarnar, prometi, implorei para receber de novo Iron como filho e encaminhá-lo para o bem. Tive a bênção* do esquecimento pela reencarnação. Não o eduquei, não soube lidar com suas deficiências. Será que fracassei de novo?

— Não — respondi — não fracassou desta vez. Você o amou. Ama-o! Sofreu por ele, com ele, e preferiu padecer em seu lugar. Sofrer junto pode, mas não no lugar do outro. Você foi e é uma boa mãe. Esclarecê-lo, orientá-lo, isso logo lhe será possível. Quando ele desencarnar, poderá estar perto e auxiliá-lo.

— Estou inconsolável! — lamentou-se Olívia.

— Minha amiga, seria muito bom se ao recordar nosso passado não tivéssemos cometido erros. Porém, isso é quase impossível. Temos acertos, mas temos erros também. Os acertos não devem ser alvo de orgulho nem devemos nos menosprezar pelos atos maldosos. Das ações indevidas devemos tirar lições, aprender a não repeti-las, e das atitudes boas o entendimento, para realiza-las melhor.

— Foi por isso que Gumercindo não amou Iron? — Olívia quis saber.

— Gumercindo não foi pai dele por acaso. Um filho doente poderia ter despertado nele a piedade, o amor. Seu ex-marido se recusou a amá-lo, não aceitou-o, perdeu uma grande oportunidade de melhorar. Ele não teve nada a ver com vocês dois. Porém a sua vibração a atraiu para ele. Explico: Se você precisasse sofrer uma queimadura para aprender que queimar outras pessoas causa dor, seria atraída para uma situação em que seria queimada; se precisasse receber um tiro, para um local onde seria atingida por uma bala perdida etc. É mais ou menos assim. Gumercindo era e é um espírito rude, inquieto, que não aprendeu ainda a ser sensível, não se importa com o sofrimento alheio. E você, necessitada de aprender, esteve junto dele. Você, resignada, tentou ensinar a esse espírito muitas coisas.

– Não consegui – lastimou Olívia.

– Pois acho que sim – respondi com sinceridade. – Você conseguiu. Certamente não o tanto quanto quis, mas ficou o exemplo. Creio que um dia ele irá pensar em você como uma pessoa boa, melhorada, que esteve perto dele, irá querer seu perdão e ajuda.

– Quando isso acontecer, espero não ter mais medo dele.

– Quando isso ocorrer, ele estará mudado e você sentirá sua mudança, e não terá mais razão para sentir medo.

Ficamos em silêncio por momentos. Sentindo que ela estava querendo ficar sozinha, falei:

– Olívia, não se entristeça muito. Vou deixá-la a sós. Reflita, Deus é bondoso oferecendo-nos outras chances e não nos condenando a sofrimentos sem fim pelos nossos erros. Que essa lembrança seja incentivo para fazer cada vez mais acertos, o bem.

– Como fazer o bem tendo errado tanto? – perguntou ela.

– Gosto especialmente de uma passagem do Evangelho de Lucas[2] em que Jesus estava na casa de um fariseu, e uma mulher, dita por pecadora, chorou aos pés do Mestre e perfumou-lhes os pés. Criticado por aceitar esse carinho, Jesus perdoou os pecados dela e nos deu uma preciosa lição: São lhe perdoados muitos pecados, porque muito amou. Explicou a Simão que aquele que

---

2. Lc (7: 36-50). (N.A.E.)

mais foi perdoado, com certeza amará mais. Ninguém exige de nós sermos perfeitos para fazer o bem, se o fazemos em nome de Jesus, de Deus, é por misericórdia do Criador para conosco. E é na prática do bem que um dia nos tornaremos bons.

– Obrigada – Olívia sorriu, me agradecendo. – Você tem razão. Quero ficar sozinha e pensar. Tirar definitivamente de mim o sentimento de vítima e colocar no lugar a gratidão.

– Vou ficar por aqui. Se precisar de mim, chama-me; se não, nos veremos pela manhã.

Olívia concordou e me afastei.

sete

Culpa

OLÍVIA permaneceu sentada no tronco do jardim. Achando que deveria ficar por ali e não querendo ficar sem fazer nada, dirigi-me à casinha de Aparecida. Senti vontade de conversar com ela. Aproximei-me de sua casa e a chamei. Como não respondeu, entrei. Encontrei-a dormindo, seu sono era agitado. Chamei-a novamente. Acordou, assustou-se e eu expliquei:

– Sou o amigo de Olívia! Já nos conhecemos, conversamos. Lembra?

– Ah sim! Lembro, desculpe-me, adormeci. Gosto, quando consigo dormir, com o sono esqueço. O senhor quer sentar?

– Vamos sentar lá fora? – convidei-a. – A noite está bonita, podemos ver estrelas. Por favor, me chame de você. Quero ser seu amigo.

– Amigo?! – exclamou Aparecida. – Não me lembro de ninguém que tenha querido ser meu amigo. Nem amigas tive.

Aqui na fazenda todos gostavam de dona Olívia e, como eu era amante do marido dela, não me queriam por perto.

Aparecida levantou-se e ajeitou-se enquanto falava. Saímos da casa e sentamos no banco.

— Aqui pode ter sido um local agradável para viver encarnado, mas não é próprio para desencarnados — comentei.

— Não conheço outro.

— De fato, quando não conhecemos outros lugares não podemos fazer comparações. Eu conheço e posso afirmar que existem locais excelentes para morar quando estamos no plano espiritual.

— Aqui é o que mereço. Sou uma cobra mal matada! — afirmou Aparecida.

— Como? — perguntei, pois realmente não entendera o que ela quis dizer.

— Minha avó materna morava conosco. Quando eles mudaram daqui e eu fiquei, ela falou para mim: "Aparecida, não aja como cobra, você está traindo, fazendo o mal. Agindo assim, alguém poderá querer matá-la e, se não conseguir, ferida, você ficará mais perigosa. Será um animal que, cauteloso, agirá com mais maldade". Tinha razão. Dona Olívia poderia ter me expulsado daqui ou mandado um empregado me matar. Não fez isso, e eu, ferida pelo desprezo dela (pois eu pensava que ela sentia desprezo por mim), me tornei mais perigosa e tentei segurar o senhor Gumercindo. Somente depois entendi que dona Olívia não me desprezava, ela temia o marido e não queria fazer mal a mim e nem a ninguém. Por isso, aviso: sou uma cobra ferida, perigosa e maltratada.

Sorri com a explicação dela e argumentei:
— Quem é realmente perigoso costuma não avisar. Depois, não temo animais e estou aprendendo a não ter medo de seres humanos. E você, se achando ferida, por que não deixa alguém ajudar a curar suas feridas?
— Sou um ser desprezível, o pior que existe! — afirmou Aparecida.
— Você pensa isso ou foi alguém que disse? — perguntei.
— Sebastião me diz, Valdo confirmava e acredito que sou. Sou uma assassina de crianças. Abortei.
— Por favor — pedi —, não se menospreze assim. Não existe maldade que não tenha perdão.
— Ai! Que dor!
Aparecida gritou, se encolhendo e colocou as mãos no abdômen. Pela sua expressão sentia muitas dores. Compreendi que ela estava sentindo como se estivesse abortando. Levantei e fiquei em sua frente, peguei-a pelos braços, soprei suavemente em seu rosto. Senti dó daquele espírito que, sentindo-se culpado, se punia de tal forma que nada mais era importante. Reagi. Piedade sem ajuda é nula. Querendo auxiliá-la, desejei muito amenizar suas dores, falei com autoridade e ordenei:
— Pare com isso, Aparecida! Pare! Não se puna mais! Você não está abortando! Isso aconteceu no passado e este passou e não volta mais.
Aparecida foi se acalmando, continuou encolhida, sentei-me novamente a seu lado, seu rosto estava seco,

não chorava. Olhou-me demoradamente e exclamou com voz fraca e baixa:

— Já passou. Você me ajudou. Quando isso acontece demora muitas horas para passar.

— Você sabe por que isso acontece? — perguntei.

— Basta falar no que fiz ou pensar para sentir como se estivesse acontecendo.

— Jesus, nosso Mestre Maior, na cruz perdoou todos que o condenaram e ainda orou por eles. Não os condenou. Por que se condena? Por que se julga imperdoável?

Aparecida me escutava atenta, peguei em sua mão e com carinho continuei falando:

— Se você derramasse uma vasilha de leite no chão da cozinha, o que seria melhor fazer? Limpar? Reclamar, mas limpar? Ficar aborrecida por ter perdido o alimento e limpar? Ou ficar olhando o leite esparramado pelo chão, reclamar, maldizer, se aborrecer e nada fazer?

Aparecida ensaiou um sorriso; ela, que fora sempre asseada, com certeza faria o mesmo que respondeu:

— Limparia! E se tivesse somente aquele alimento e se ele estivesse destinado a alimentar outras pessoas, lamentaria, mas limparia tudo.

— Derramar o leite — tentei explicar — é a ação, limpar é a reação. Na nossa vida fazemos muitas coisas, boas ou não. Conscientes, sabendo o que fazemos, ou não tendo total conhecimento do que os nossos atos podem ocasionar. Mas a ação está feita. Você, Aparecida, agiu, parou, ficou vendo o efeito e não está fazendo absolutamente nada para corrigi-lo. Derramou o leite, fez os abortos e, passiva, está olhando seu ato, ou seja, o leite derramado. Deveria, como respondeu, limpar de dentro de você esta mácula, e isso se dá com o trabalho. Julga-se por ter feito mal, pois vá com vontade fazer o bem. Se não sabe, aprende. Alguém deve ter lhe ensinado a limpar o leite do chão, outras pessoas a ensinarão como ajudar, a fazer o bem. Dê uma chance a você.

— Você me vê como um chão sujo de leite? Derramei em mim leite e tenho de me limpar? Tenho como ficar limpa. É isso que está me dizendo?

— Sim, Aparecida — respondi —, é isso que quero que entenda. Atos errados nos sujam e, para nos limparmos, basta trabalhar para o bem, começar, dar continuidade e um dia: nada mais de sujeira, estaremos limpos. Você já sofreu muito, pode se sentir suja, mas eu não vejo nada impuro em você.

— Verdade mesmo? Você não me vê imunda? — perguntou Aparecida.

— Não, vejo um ser que sofre, sente culpa e necessita mudar a forma de viver.

— Penso muito em como seria diferente minha vida se, ao ficar grávida pela primeira vez, tivesse ido embora daqui. Minha avó ofereceu sua casa. Teria ido morar com ela, teria tido Sebastião. Éramos pobres, mas não faltariam alimentos, cuidaria dele com carinho, talvez ele não se tornasse mau. Com certeza, também eu não teria contraído o câncer que consumiu meu corpo, começando pelo útero e pelos ovários. Meus órgãos foram danificados pelas minhas ações maldosas e adoeceram. Não fiz nada disso, preferi ficar, abortar e errar. Quando erramos, somos responsáveis por aqueles que prejudicamos. Sebastião me fala muito isso.

— Não devemos — tentei explicar — colocar a culpa de nossos atos errados em outras pessoas. Sebastião faz isso. Ele deveria ter perdoado, e, se queria reencarnar, pedir para ter outros pais e seguido sua vida. Preferiu, em vez de assumir sua responsabilidade, colocar a culpa em você de tudo de ruim que acontece com ele. Porém, somos somente responsáveis pelo que fazemos. Você, infelizmente, ainda age de modo indevido, permitindo que Valdo e Sebastião a castiguem. Não deveria permitir, porque eles não estão se comportando bem. Vingando-se, maltratando-a, cometem ações erradas. Você pediu perdão a eles, deveria dar exemplo, se perdoando e sentindo que Deus a perdoou. Aceite minha ajuda, venha aprender, porque quando sabemos, compreendemos a necessidade de perdoar para sermos perdoados. Você poderá ajudá-los se souber. Depois, eles terem sido abortados pode ter sido reação de ações imprudentes cometidas pelos dois no passado, embora isso não a isente do que fez.

— Começo a entendê-lo. Desde que convenceu Valdo a me perdoar e ir embora, fiquei pensando muito, até o momento em que dona Olívia me ajudou a dormir. Ao ver Valdo em sua companhia, senti que meu filho estava bem e tranquilo. Você o ajudou, eu não consegui auxiliá-lo. Permiti que se vingasse, mas a vingança não o fez sossegado nem feliz. Se eu aprender, um dia também poderei dar essa tranquilidade ao Sebastião.

— Aparecida, você está entendendo — afirmei. — Agiu errado, reconheceu seu erro, teve o propósito de não errar mais. Porém, pune-se pela culpa que sente, não deveria agir assim. Devemos reconhecer que erramos e nos prepararmos para reparar, acertar, fazer o bem a quem prejudicamos e a todos que nos seja possível. Quando fazemos um mal, nos afastamos do objetivo para o qual fomos criados. Por esse desvio, nos sentimos culpados, e sombrias forças nos fazem sofrer. Porém, Aparecida, sofrer faz bem a quem o sente, se este sofrimento for resignado, compreendido. O certo é compreender o erro, não errar mais e repará-lo com ações benéficas.

— Você está querendo me dizer que, deixando Sebastião e Valdo me punir, não estava fazendo bem a eles nem a ninguém. Meu sofrimento é egoísta? — perguntou Aparecida.

— Você pode achar que está fazendo bem a si mesma. Mas será que está mesmo? Não é bom continuar pagando por algo que já foi pago. Se em vez de sofrer você estivesse fazendo o bem, não se sentiria melhor? Levei Valdo a um local onde ele aprenderá muitas coisas e posso lhe garantir que ele está bem e ficará melhor. Posso levá-la também, não para o mesmo lugar, mas a outro, onde aprenderá a viver desencarnada com dignidade.

Ficamos em silêncio por momentos. Aparecida pensava em sua vida, estava apreensiva com a mudança que faria, mas, esperançosa, queria realmente se modificar. E eu, pensei: "Nós, infelizmente, ainda não sabemos usar nosso livre-arbítrio, o fazemos ainda de forma imperfeita e inconstante, oscilando entre o bem e o mal. Quando nos desarmonizamos com o bem, criamos um débito, e aí sentimos ou iremos sentir a culpa. E a culpa exige uma pena que, se não for reparada com ações no bem, com amor, será resgatada pelo sofrimento. Isso para manter nosso equilíbrio e o equilíbrio do planeta em que vivemos, porque, se aumentássemos nossos débitos indefinidamente, o desequilíbrio seria muito grande, desestabilizaria a todos que aqui vivem. Mas, pela bondade do Criador, esse sofrimento também ensina, fazendo, quase sempre, nos tornarmos melhores".

— Lá, onde você irá me levar, irei aprender a limpar o chão sujo de leite? — perguntou Aparecida.

— Sim, aprenderá a reparar erros com acertos — respondi, sorrindo.

— Peço-lhe, então: por favor, leve-me! Mas antes quero saber o que acontecerá com Sebastião. Como ficará esta casa?

— A casa, materialmente, está em ruínas. Você, querendo que ela estivesse como era quando morava encarnada, plasmava, pela sua vontade, a casa que vê. Quando se ausentar, ficará somente a ruína material. Sebastião voltará aqui como costuma fazer, sentirá que você e Valdo foram embora, seguirá outro caminho. Ele tem outros interesses, vocês dois não farão diferença na vida dele.

— Será que não posso me despedir dele? — indagou ela.

— É melhor não fazer isso — respondi. — Despedida, quando não é aceita, pode ser complicada.

— Ele, não me castigando, não estará me fazendo o mal, não é? Permiti que Sebastião me fizesse mal, e ele, com esse ato, também *fez mal a si mesmo. Você tem razão, ele não irá me deixar partir. Talvez irá querer me levar para onde mora, me maltratar mais ainda ou se voltar contra você. Vou escrever um bilhete. Você me ajuda? Sei escrever, mas nunca consegui escrever o que sinto.*

Entramos na casa. Aparecida pegou uma folha de papel numa gaveta. Tudo plasmado. Seria visto somente por outros desencarnados, raramente um encarnado conseguiria ver, se isso acontecesse, seria porque de alguma forma estaria ligado aos acontecimentos do local.

Aparecida escreveu:

"*Sebastião, meu filho querido.*

Valdo e eu fomos embora. Um senhor nos ofereceu ajuda."

Parou e me olhou. Ditei a ela, tentando traduzir seus sentimentos.

"*Amei você como filho, porém a vida deve continuar. Sigo meu caminho. Quero melhorar, estar bem. Por favor, se cuide. Pense em mim com carinho. Rogo a Deus para encaminhá-lo para o bem e que lhe dê paz. Onde estiver orarei por você. Amo-o. Um dia nos abraçaremos com afeto. Abraço-o e que Deus nos abençoe.*

Sua mãe, Aparecida."

Ela colocou o bilhete preso num móvel.

— Ficará tudo bem — afirmei.

— *Eu o amo!* — exclamou ela. — *Você acredita em mim? Acredita que o amo?*

— Sim, acredito!

Aparecida chorou. Lágrimas abundantes molharam seu rosto. Choro de alívio, de esperança.

– *Há muitos anos que não choro, não conseguia chorar. Estou me sentindo bem. Perdoada! Você é um anjo de Deus!*

– *De Deus penso que sou* – falei, sorrindo. – *Todos nós somos filhos do Criador. Anjo talvez seja um dia. Você, minha amiga, irá gostar do lugar onde irá ficar, morar. Vamos!*

Saímos da casinha. Vi que Emílio correu, se escondendo. Havia percebido sua presença e tentara se esconder atrás das árvores onde estivemos conversando e ouvir o que falávamos. Fingi novamente que não o vira, pois teria oportunidade de encontrá-lo. Volitei com ela. Deixei-a numa colônia, numa ala especial onde se abrigam mulheres que falharam na maternidade. Ali elas recebiam apoio, esclarecimento, faziam terapia de grupo e todas tinham histórias de vidas parecidas. Aparecida se recuperaria, se adaptaria, estudaria e aprenderia a trabalhar, a servir, a fazer o bem. Foi recebida com carinho. Ela estava envergonhada, mas esse sentimento passou logo, assim que recebeu os primeiros abraços de boas-vindas.

– *Renegar o erro, mas não o errado!* – falei baixinho a ela quando nos despedimos.

– *Obrigada!* – disse Aparecida, emocionada.

Voltei à Casa do Bosque. Amanhecia, e o sol dava, como todas as manhãs, um espetáculo exuberante. Pensei:

"*Depois da noite, temos sempre o amanhã! Das dificuldades e sofrimentos, um refrigério. Basta confiar!*"

Aquele lar já estava parecendo um pouco diferente, talvez porque os problemas de seus moradores se encaminhavam para serem resolvidos. Procurei pela minha amiga Olívia.

Oito

A Procura

ENCONTREI Olívia animada. Ela me cumprimentou sorrindo e explicou:

— Pensei muito e concluí que o passado não deve fazer diferença para mim. Não posso mudá-lo. Mas uma coisa eu posso e devo modificar: não serei mais vítima e quero ter mais ânimo para fazer o bem. Nada de tristeza, esta não paga dívidas. Quero fazer o bem, ajudar com alegria.

Sorri contente e perguntei:

— O que faremos agora?

— Eles estão se levantando, vamos escutá-los e saberemos o que irão planejar. Se você quiser, pode acordar Gumercindo, acho que não terei mais medo dele. Pensando agora, entendo que no íntimo sentia culpa, achava que fizera ações erradas e merecia os maus-tratos do meu marido. Agora será diferente, nada de culpa, quero reparar o que fiz de errado e, se possível, tentar fazer de Gumercindo um ser melhor.

— Somente nós nos recuperamos – expliquei. – Podemos ajudar, aconselhar, esclarecer, mas mudar para melhor é um ato cabível a cada um. Vamos supor que a ajuda que pode oferecer ao Gumercindo seja um prato de arroz com feijão. Esse prato não aparecerá em suas mãos simplesmente porque o quer. Para fazê-lo, terá de trabalhar. Ele, no momento, poderá não querer o que lhe oferece, mas desejar um prato de macarrão. E dar o que Gumercindo almeja no momento pode lhe ser prejudicial, indevido, seria como dar a uma criança, porque ela quer, uma faca afiadíssima para brincar. Devemos saber doar. Estou lembrando agora de uma passagem do Evangelho de Mateus, 7:6, em que Jesus recomenda: "não lancei aos porcos as nossas pérolas". Porque pérolas, para uma pessoa com compreensão, são algo valioso. E os ensinamentos de Jesus são muito valiosos! O porco está querendo uma espiga de milho, para ele não interessa se a pérola é ou não valiosa ou bonita, não lhe enche o estômago. Você pode achar que seu ex-marido precisa de uma coisa e ele acredita ser outra. Penso que Gumercindo não irá querer estranhos na casa, poderia atormentar Celina, Diva e até Leandro. Vamos deixá-lo dormir mais um pouco.

— Você tem razão – concordou Olívia. – Estava pensando somente em mim. Gumercindo com certeza sentirá ciúmes de Diva e fará tudo para que eles não encontrem nada. Vamos à cozinha?

Celina preparava o café. Emílio, num canto, estava atento e preocupado. Escutamos Iron, ele queria seu desjejum. Celina apressou-se, Diva veio à cozinha e ajudou-a.

Com a bandeja pronta, ela entrou no cômodo, desceu as escadas. Iron silenciou quando Celina cantou, abriu a janela, apagou o lampião, ligou o rádio. Ficou com ele por uns quarenta minutos, depois voltou à cozinha. Diva arrumou a mesa e as duas tomavam café quando Leandro foi se reunir com elas, cumprimentou-as, sentou e tomou o desjejum.

– O que iremos fazer hoje? – perguntou ele.
– Hoje é dia de o senhor Chico vir. Passará aqui às nove horas – informou Diva.
– Quem é o senhor Chico? – indagou Leandro.

Celina suspirou e olhou-o, pelo olhar ele entendeu que não deveria ter perguntado. Diva explicou:

– O senhor Chico é um vendedor ambulante. Compramos coisas dele, ou ele as compra para nós. Fazemos a encomenda e ele nos traz, pagamo-lo por isso.

– Pela manhã eu não posso ficar com vocês. E, às nove horas, Diva e eu teremos de ir ao portão – disse Celina.

– Quero ajudá-las. Vou com você, Celina, tratar dos animais – decidiu o moço.

– Você não determina nada – contestou Celina.
– Não foi isso que quis dizer – defendeu-se Leandro.
– Estou somente sendo gentil. Se ajudá-las, teremos mais tempo à tarde para procurar.

As duas se olharam, e Diva decidiu:

– Pode ajudar. Eu arrumo a casa e a cozinha. Vocês tratem dos animais. Depois, Celina lavará as roupas. Iremos ao portão. Você, Leandro, irá junto, mas que o senhor Chico não o veja.

– O taxista me contou sobre esse senhor Chico. Agora estou lembrando.

– Você perguntou da gente para as pessoas da cidade? – indagou Celina, séria.

– Infelizmente perguntei. Mas não muito! Vim para cá a trabalho, dona Consuelo me contratou. Vim de ônibus. Num bar perto da rodoviária indaguei ao proprietário onde ficava o sítio, ele me falou que poderia vir até aqui de táxi. O taxista me contou que um senhor fazia compras para vocês.

– O que mais escutou de nós? – quis Diva saber.

– Pouca coisa – respondeu ele. – Que ninguém da cidade entra na casa, não recebem visitas e nem sabem quantas pessoas moram aqui. Que eu não seria recebido e que a casa é assombrada. Disse a eles que era vendedor de sementes e tinha horário marcado com o proprietário.

– Pelo jeito você é o rei das desculpas. Inventa bem! – exclamou Celina. – Mas fez bem em nos falar. O senhor Chico pode ter sabido que alguém, um estranho, veio aqui. Que recebemos um vendedor de sementes e ele foi embora. É melhor o senhor Chico não vê-lo.

Celina levantou, Leandro também o fez e acompanhou-a. De fato ele ajudou-a, trataram dos animais, ele foi rachar lenhas e Celina, lavar roupas. Diva lavou as louças, limpou a casa, desceu no porão para conversar com Iron, ou falar e ele escutar. Ela falou da procura, de Leandro, depois varreu a parte da frente do porão, e o fez cantando.

Iron gostava de companhia, de escutá-las. Reclamou com ruídos baixos quando ela saiu.

Dez minutos antes das nove horas, os três foram para o portão. Celina empurrava um carrinho de mão, Leandro, gentil, pediu licença e passou a empurrá-lo. O caminho da casa ao portão era de terra batida com cascalho. Por falta de uso, em alguns locais nasceu grama. O moço admirou-se com a beleza do lugar, as árvores diversificadas eram frondosas. Viu muitos animaizinhos, borboletas coloridas, vários pássaros cantando alegres.

– O lugar é lindo! – ele exclamou.

– É – falou Diva.

– Pena que seja murado!

Celina o olhou e ele resolveu silenciar e pensou:

"Esse bosque não deveria ser murado, mais pessoas desfrutariam desse recanto. As moradoras daqui devem ter se acostumado com esse bosque. Será que foi murado para esconder segredos?"

– Agora você fica por aqui – pediu Diva. – Vou abrir o portão.

Diva abriu um cadeado grande, três trincos e o portão foi aberto, um vão somente. Leandro escondeu-se atrás de uma árvore. As duas, com o carrinho, passaram para o lado de fora. Ele escutou os cumprimentos e a conferência de mercadorias. Celina pediu mais coisas.

– Estão comprando mais. Por quê? – perguntou o senhor Chico.

— Porque necessitamos — respondeu Celina.

Diva interferiu. Leandro pensou que Diva estava sempre tentando acalmar e desculpar a geniosa Celina.

— Senhor Chico, estamos com vontade de fazer comidas diferentes. O senhor não irá se importar de trazer mais, não é?

— Não, senhora, quanto mais vendo, mais ganho. Ouvi na cidade que um vendedor esteve aqui. Vão plantar?

— Foi Diná — explicou Diva —, minha irmã, que entrou em contato com uma firma de produtos agrícolas e um empregado deles veio nos visitar. Marcamos horário e o atendemos. Comprei algumas sementes, vamos fazer uma horta mais variada.

— Ele veio aqui somente pelas sementes de hortaliças? Deve ter ficado furioso — comentou o senhor Chico.

— Pois não ficou — respondeu Celina. — Ele tinha de visitar outras fazendas na cidade vizinha. Ele é conhecido de Diná e ficou contente em nos visitar. Até logo, senhor Chico! Depois de amanhã traga o que pedimos.

Empurrou o carrinho e Diva teve de acompanhá-la. Fecharam o portão.

— Você é sempre assim, mal-humorada? — perguntou Leandro, olhando para Celina.

— O senhor Chico é boa pessoa — respondeu a mocinha —, mas se dermos muita atenção, se torna inconveniente. Depois, não sei mentir como você. Quando o faço, ninguém acredita.

Leandro passou a empurrar o carrinho, ajudou-as a levar a mercadoria do quintal para a cozinha.

– Vinho? Dois garrafões de vinho! Vocês se embriagam? – perguntou Leandro, admirado.

– Não nos embriagamos. Nem tomamos vinho. Compramos, pagamos e você não tem nada a ver com isso – respondeu Celina.

– Não é nosso – tentou esclarecer Diva –, damos de presente para um senhor que mora do outro lado. Ele gosta e damos a ele.

– Morena bonita e enfezada! – exclamou Leandro, olhando para Celina.

– Vamos ao trabalho! – determinou Diva, evitando que Celina respondesse.

Celina dividiu as tarefas e logo terminaram. Reuniram-se na sala para conversar.

– Vamos continuar procurando, cômodo por cômodo – determinou Leandro.

– Iremos primeiro fazer o almoço – disse Diva. – Você, Leandro, pode andar pela casa, menos...

– Já sei, menos onde fica o cachorro – interrompeu Leandro.

Ele saiu da cozinha, andou pelo corredor, não resistiu e entrou no quarto de Celina. Viu a carteira dele e o canivete na mesa de cabeceira. Não se importou com eles, estava interessado no que a mocinha guardava, abriu o armário, havia poucas roupas, nenhuma foto, não encontrou nada de interessante. Saiu logo.

"Se a morena me pega aqui, levo uma surra!" – pensou. E voltou à cozinha.

– Quando queremos guardar algo importante – falou Leandro –, por mais que precisemos esconder, queremos vigiar de alguma forma. Concluo, então, que, se o senhor Gumercindo queria esconder algo, deve ter feito isso no dormitório dele. Vamos, depois do almoço, revirar aquele quarto.

– *Gumercindo está dormindo lá!* – exclamou Olívia, me lembrando.

– *Vou levá-lo para outro quarto e, quando acabarem de procurar no dormitório dele, você o traz de volta* – decidi.

Fiz o que propus. Deixei-o acomodado em outro cômodo. Voltei à cozinha. O almoço estava pronto. As duas se olharam e Celina pediu:

– Leandro, vá lavar as mãos e demore um pouco por lá.

– Por quê? – perguntou o moço.

– Ora, não irá comer com as mãos sujas – disse Celina.

– Por que demorar?

Celina olhou-o e ele saiu rápido.

"Que morena! Se me apaixono por ela, vou apanhar todos os dias. Mas agora não tenho escolha. Acho que estou gostando dela" – pensou.

As moças arrumaram rápido a bandeja, e Diva desceu. Leandro ficou no corredor e, quando ouviu Diva retornar, voltou à cozinha.

— Ele está desconfiado, acabará por descobrir — disse a Olívia.

— Não tem importância. Confio neste moço — respondeu minha amiga, tranquila.

— Olívia — avisei-a —, tenho trabalho a fazer. Virei aqui todos os dias. Se estiver ausente e você precisar de mim, chame-me.

— Agradeço e ficarei atenta. Perigo será Sebastião vir aqui, na casa.

— Sinto que ele não fará isso. Penso que se ele vier ao sítio, irá, como costuma fazer, à ex-casinha de Aparecida, então lerá o bilhete e irá embora. Mas, se você o vir ou senti-lo, achando que ele virá aqui, me chame.

— Antônio Carlos, se Sebastião vier com amigos ou chamá-los para nos atacar, o que faremos? — perguntou Olívia, preocupada.

— Bem...

— Já sei — interrompeu Olívia —, chamaremos os nossos.

— Creio que não será preciso. Porém, saber que podemos contar com amigos é tranquilizante. Se Sebastião e seus companheiros vierem aqui para nos atacar, tentarei conversar com eles; se não der resultado, aí sim chamaremos amigos, socorristas que sabem lidar com desencarnados imprudentes. Mas, pelo que conheço, eles não irão querer nenhum confronto, não perderam nada de valor ou interessante. Penso que Sebastião não se importará com o fato de Valdo e Aparecida terem ido embora. Se os quisesse perto dele, os teria levado para o umbral onde mora.

Despedi-me e voltei somente no dia seguinte. Olívia me contou o que acontecera.

– Eles reviraram o quarto de Gumercindo e não encontraram nada. Porém, meu amigo, não tive coragem, mesmo estando ele adormecido, de trazê-lo de volta para o dormitório dele.

Fui onde Gumercindo estava e levei-o ao seu antigo quarto, que estava revirado. Olharam realmente em todos os lugares. Fui visitá-los várias vezes. Eles procuraram pela casa toda e não acharam mais nada. O moço ajudava nos trabalhos e os três procuravam juntos. Leandro estava cada vez mais enamorado de Celina. A mocinha também estava interessada nele, porém, desconfiada, não lhe dava atenção. Dias se passaram, vim vê-los pela manhã e encontrei Leandro ajudando Celina a guardar os mantimentos que o senhor Chico tinha trazido. Félix, o gato, estava perto de Celina. O animalzinho era dengoso, bastava ela sentar para ele pular em seu colo querendo carinho. O bichano e Emílio estavam atentos a Leandro, que se aproximara muito dela.

– Morena – disse ele em tom carinhoso –, estou gostando de você. Não quer namorar comigo?

Passou a mão no braço dela. Emílio não gostou, bateu palmas e exclamou:

– Ah!

Félix, um animal sensível, sentiu a vibração de Emílio, assustou-se e pulou em Leandro, arranhando seu braço.

– Ai! – gritou o moço.

— Félix! Para! – ordenou Celina.

O gato pulou numa cadeira ao ver a dona dele brava e saiu rápido da cozinha. Diva veio correndo e perguntou, preocupada:

— O que aconteceu?

— Félix o atacou – contou Celina. – Não sei o que aconteceu, ele não ataca ninguém.

— Ele ficou com ciúmes de você ou está doido – opinou Leandro.

— Vou desinfetar esses arranhões, vou pegar o remédio – disse Diva.

Os dois jovens se olharam: Diva trouxe um estojo de primeiros socorros.

— Celina, você pode me fazer o curativo? – pediu ele.

— Por que eu? – perguntou Celina.

— O gato é seu.

Ela pegou um algodão e foi limpar o ferimento. O moço reclamou:

— Ai! Gato malvado!

— Se você fizer alguma coisa ao Félix é um homem morto! – ameaçou Celina.

— Ele pode fazer algo de ruim a mim, me feriu e não é um gato morto! – queixou-se Leandro.

— *O que você acha, Antônio Carlos?* – perguntou Olívia.

— *Que teremos um casamento no final da história* – sorri e fiz Emílio me escutar.

— *Emílio, não interfira, deixe os encarnados se entenderem. Não acha que Celina precisa de alguém encarnado como ela para a proteger e amar quando elas saírem daqui? Não interfira mais!*

Emílio olhou para todos os lados e não nos viu, mas sabia que Olívia estava ali, com um amigo que levara Valdo e Aparecida. Concordou com a cabeça.

Oito dias se passaram. Quando cheguei à Casa do Bosque, Olívia me contou que eles não encontraram mais nada. Aproximei-me de Celina, ela não me via e nem me ouvia, ao contrário do que acontecia em relação a Emílio. Dei-lhe um passe e lhe pedi:

— *Celina, tente lembrar se você não viu Gumercindo mexendo em algum móvel achando que estava sozinho. Vamos! Pense!*

Deu resultado. A mocinha exclamou, alegre:

— Lembrei de uma coisa! Um dia vi o senhor Gumercindo abaixado, mexendo no minibalcão da sala.

— Mas nós já olhamos lá! – disse Diva.

— Vamos olhar novamente, o móvel pode ter algum compartimento secreto – determinou Leandro.

Foram à sala, e Leandro pôs-se a examinar o móvel. Tirou as gavetas, bateu nas laterais. De repente, sentiu algo diferente.

— Aqui faz eco! Escutem! O barulho é diferente!

Examinou melhor o local, descobriu uma travinha, puxou e apareceu um pequeno vão. Lá estava somente uma chavinha.

— Chave?! — exclamou Diva.

— De um cofre, com certeza — concluiu o rapaz.

— Mas onde pode estar esse cofre? — perguntou Celina.

— Vamos encontrá-lo — determinou o moço, examinando a chave. — Olhem para ela, esta chave tem a marca de seu fabricante de um lado; do outro, duas letras. Parecem ser iniciais de um banco. Diva, é melhor você me contar tudo. Sabendo detalhes, posso achar solução.

Elas, como de costume, se olharam, se entendiam muito bem pelo olhar.

— Faça isso, Diva. Conta a ele tudo que sabe, sem omitir nada.

— Casei com Robson por amor — começou a dona da casa contar. — Nos conhecemos, namoramos, ele era gentil e eu, muito romântica. Minha família não queria que o namorasse, achavam-no irresponsável. Naquela época, ele fingia estudar e vivia da mesada do pai. Pensava que Robson não estudava por não gostar. Engravidei, briguei com meus familiares e nos casamos, sem os pais dele saberem. Dona Olívia, a mãe de Robson, era uma boa pessoa, diziam que ela era doente, com problemas mentais, mas eu achava-a coerente e agradável. Meu sogro mandava em tudo. Senti medo dele quando o conheci, porém ele sempre me tratou muito bem. Meus sogros gostavam muito dos netos, tenho dois filhos: Aldo e Alice. Robson, infelizmente, não era a pessoa que idealizei. Mulherengo, me traía sempre.

Irresponsável, nunca trabalhou e gostava de jogar. O senhor Gumercindo exigiu que viéssemos morar aqui e me prometeu que o filho ia melhorar. De fato, meu marido ficou mais comportado por uns tempos, depois começou de novo a me trair e a jogar. Foi numa saída para encontrar com alguém que ele sofreu um acidente e morreu. O senhor Gumercindo ajudou minha irmã quando ela ficou desempregada, e meus filhos foram morar com ela para estudar, porém meu sogro exigiu que eu ficasse aqui. Robson não tinha nada em seu nome, eu também não. Pensando nos meus filhos, continuei residindo neste lugar. Ele falava que tinha de ficar no sítio para receber uma mesada; se saísse daqui, não receberia mais nada. Tinha de ajudar meus filhos. Consuelo, a mulher que o contratou, foi amante do meu marido. Ela tem dois filhos, Fábio e Mariana, e afirma serem filhos de Robson. O senhor Gumercindo deu dinheiro a ela, segundo ele uma boa quantia, para se separar de meu marido. Consuelo mudou de cidade, soubemos que casou e não havia dado mais notícias, até agora.

– Você está me dizendo que se sair daqui não recebe dinheiro? Isso é um absurdo! Procurou alguém, um advogado, para confirmar isso? Desculpe-me, mas você é... – Leandro interrompeu.

– Será que estou sendo ingênua? É isso que está querendo me dizer? – perguntou Diva.

Não era bem isso que Leandro pensara, porém concordou com a cabeça e disse:

— Diva, não sou advogado para afirmar com certeza se isso pode ocorrer. Todos nós, pela lei, temos o direito de ir e vir. Seu sogro deve ter feito um testamento ou ter passado para você ou para seus filhos tudo que possuía. Se ele não fez, seus filhos são os herdeiros. Você não tem que receber somente uma mesada, vocês são os donos. Em que banco você recebe? Tem conta-corrente?

Diva falou, e Leandro, contente, lhes mostrou a chave.

— São as iniciais do banco! Diva, muitos bancos costumam ter uma sala com vários cofres onde clientes podem guardar objetos de valor e documentos. Essa chave e aqueles números que encontramos devem ser a combinação para abri-lo. Olhem o papel! — Tirou-o do bolso. — No segundo e no terceiro números tem um riscozinho à esquerda, isso com certeza quer dizer: virar à esquerda; e os outros, que não estão marcados, com certeza querem dizer: virar à direita.

Os três ficaram contentes com a descoberta. Fizeram planos. Leandro ensinou à Diva como teria que agir.

— Você entrará no banco. Fale com naturalidade, para o gerente, que quer abrir o cofre da família. Ele a acompanhará até a sala e a deixará sozinha. Nesta sala com certeza tem muitos cofres. Normalmente são caixinhas que se abrem somente com a chave. Mas seu sogro deve ter dentro da caixa um cofrinho. Não temos o número da caixa. Você verifica se nesses compartimentos há nomes ou iniciais. Se não encontrar, volta e pergunta ao gerente...

Ficaram conversando, entusiasmados.

– O jantar! Tenho que fazer o jantar! – exclamou Celina, aflita.

Correram para a cozinha. Leandro, já desconfiado, não teve mais dúvidas, tinha alguém no cômodo, porque elas não precisavam ser tão rígidas com horários. Foi também para lá e ajudou-as.

"Tanta comida, não comemos tanto assim" – pensou ele.

Quando o jantar ficou pronto, ele saiu da cozinha e ficou no corredor, escutando. Pelo barulho percebeu que arrumavam uma bandeja, Celina a pegou e entrou no cômodo. Diva avisou-a que ia se banhar. Leandro se escondeu, ela passou pelo corredor e entrou no banheiro. Com cuidado para não fazer barulho, voltou à cozinha. A porta do cômodo estava aberta, entrou e viu outra, encostada, passou por ela e desceu as escadas. Ouviu Celina conversando, por momentos ficou escutando-a.

– Cri, encontramos a chave do cofre! Diva irá ao banco amanhã. Se encontrar dinheiro, viveremos melhor. Você está bem? Quer que cante?

Leandro desceu os degraus e ficou atrás de Celina, que não percebeu sua presença, mas Iron sim. Ele estava sentado no chão, comendo, quando viu o rapaz. Parou de se alimentar e ficou olhando-o. Celina virou-se para ver o que chamara a atenção de Iron e viu o intruso. Assustou-se, mas ficou quieta. Se demonstrasse sua irritação, poderia assustar Iron que, se for assustado, grita, faz um barulho alto, se debate e normalmente se machuca. Leandro observou Iron, que levantou e se aproximou da grade, olhando-o.

— Olá! Como vai? Me chamo Leandro. E você?

— Cri, ele é meu irmão! – disse Celina, em tom baixo e compassado.

— Oi Cri, sou seu cunhado. Muito prazer – falou o moço, aproximando-se da grade com a mão direita estendida.

— Não se aproxime! – pediu Celina.

Leandro abaixou a mão, deu dois passos para trás e ficou ao lado dela. Iron continuou olhando-o, fez alguns sons.

— Procure ser natural, por favor – pediu Celina. – Ele não entende, mas não tem culpa de ser assim.

— O que faço? Posso conversar? – perguntou Leandro.

— Pode. Cri deve ter gostado de você.

— Cri, estou namorando sua irmã. É sério. Vou casar com ela. Como irmão, você pode consentir. Estou pedindo a mão dela. Já sei. Ela é geniosa, corro o risco de apanhar. Mas eu dou minha palavra, mesmo se apanhar, não irei bater nela.

— Não fale besteira! – exclamou a mocinha suavemente.

— Descobri agora como faço para que me responda com delicadeza quando falo com você. Aqui, junto de seu irmão.

Iron olhava-o fixamente, balançou a cabeça, depois voltou a sentar e pôs-se a comer.

— Saia já daqui! — ordenou Celina, baixinho, sorrindo.

O moço resolveu obedecer.

— Tchau, Cri! Volto para vê-lo!

Rapidamente, subiu as escadas e foi para seu quarto. Escutou Celina subir atrás dele, e, como não trancou a porta, ela entrou furiosa.

— Você não tinha o direito de ir lá. E ainda disse que é cunhado!

— Eu a pedi em namoro, você não me respondeu. Quem cala consente. Sou seu namorado!

— Vou matá-lo!

Diva entrou no quarto, assustada. Estava molhada, vestia um roupão, nem precisou perguntar o que acontecia, Celina explicou:

— Fui levar o jantar para o Cri, não tranquei a porta. Esqueci. O intruso foi lá. Viu o Cri.

— Vocês acharam mesmo que acreditei que havia um cão no cômodo? Pensei que escondiam uma pessoa, fui conferir. Aproveitei o descuido. Não fiz nada demais. Ele gostou de mim — defendeu-se Leandro.

— E agora? — perguntou Celina à Diva.

— Conta-me tudo — pediu ele.

Escutaram Iron gritar. As moradoras da casa se olharam e Celina explicou:

— Esqueci de acender a lamparina. Cri deve ter percebido que está escurecendo.

— Vou me trocar. Celina, por favor, volte ao porão e acalme-o, depois nos encontraremos na sala.

A garota voltou ao porão, cantou, acendeu a lamparina e fechou a janela. Vendo Iron calmo, subiu as escadas, mas desta vez não trancou as portas. Reuniram-se na sala. A nora de minha amiga explicou:

— Conheci Cri quando casada, na época em que vim morar no sítio. Meus filhos não o conhecem, mas sabem que no porão mora um moço doente.

— Ele é meu irmão! Minha mãe morreu no parto dele — contou Celina, triste.

Leandro, aproximou-se dela, pegou em sua mão num gesto carinhoso.

— Por que o esconde? Ele parece ser inofensivo.

— Você não se assustou com ele! Por quê? — Celina quis saber.

— Ele pode ser diferente, mas é um ser humano.

— Obrigada! — exclamou a garota. — Escondemo-lo porque pensamos ser o melhor para ele. Você acha que se as pessoas souberem não irão querer vê-lo? Rir dele? Maltratá-lo? Gostaria de ver seu irmão ser exibido? — Como Leandro negou com um gesto de cabeça, ela continuou a falar: — Também não quero! Não sabemos se Cri é furioso. Quando ele se assusta, costuma se debater e se machuca. O senhor Gumercindo dava ordens para não abrir a cela. Como todos tinham medo do patrão, obedecíamos. Agora, Diva e eu receamos soltá-lo e não conseguirmos colocá-lo de volta. Então ele pode fugir e alguém vê-lo, depois denunciar-nos, levá-lo para o examinar e até matá-lo. Tratamos do Cri do melhor modo que sabemos.

– Algo está estranho nesta história – comentou Leandro. – Pelo que ouvi, o senhor Gumercindo não era uma boa pessoa. Por que iria deixar alguém como Cri aqui? Ele se chama Cristiano ou Cristian?

– Iron, ele chama Iron. Meu sogro o chamava de Criatura, e nós abreviamos para Cri – esclareceu Diva.

– Mais um motivo para achar que algo não está certo – falou o moço. – Vamos recapitular. Quantos anos você tinha quando ficou órfã?

– Cinco anos. Meu pai tinha morrido há três anos. Foi dona Olívia que me contou – respondeu Celina.

– Conclusão: se Cri for filho de sua mãe, o pai não é o mesmo. Quando foi que você viu Cri pela primeira vez e como ele era?

– Era pequena, deveria ter nove anos, e ele era grande, penso que deveria ter o tamanho que tem hoje. Estou lembrando, uma vez fui ao porão com minha mãe. Será que estou confundindo?

– Se você – disse o moço – ficou órfã aos cinco anos e tem certeza de ter visto Cri aos nove anos e ele era alto, é improvável sua mãe ter falecido no parto dele. Se isso tivesse ocorrido, era para o Cri ser criança.

– Um dia – disse Diva –, dona Olívia me contou sua história, Celina. Afirmou que sua mãe fora a melhor amiga dela, morrera do coração e ela gostava de você como filha. Escutando a opinião de Leandro, começo a duvidar que Cri seja filho de sua mãe. Meu sogro não aceitaria que um filho da empregada morasse na casa, não o faria por nenhuma promessa, como ele dizia ter feito. Só se fosse o pai. Mas também não creio nessa possibilidade. O senhor Gumercindo tinha amantes. Uma delas foi Aparecida, da casinha, e ele a fez abortar todas as vezes em que a coitada ficou grávida. Depois, se dona Olívia tinha sua mãe como sua melhor amiga, concluo que ela não foi amante de meu sogro. Robson me disse uma vez achar que Cri era irmão dele de pai e mãe. Dona Olívia amava o Cri, ela chamava-o de Iron.

– A explicação melhor é esta – opinou o rapaz. – Cri ou Iron era filho do senhor Gumercindo e de dona Olívia. Com certeza seu sogro nunca o aceitou e colocou o coitadinho no porão, onde poucas pessoas saberiam dele. Para se justificar, dizia ser filho da mãe falecida de Celina, que não tinha como desmentir.

– Pobrezinho do Cri! – exclamou Celina e chorou.

– Morena, não chore – pediu o moço com carinho, apertando suas mãos.

– Gosto do Cri, não importa se ele é ou não meu irmão! – afirmou a garota.

– E eu gosto mais ainda de você por isso! Vou ajudá-la! Diva poderá ir embora, ficarei com você e, juntos, tomaremos conta dele.

– Vocês dois sozinhos? – perguntou Diva.

– Casados – respondeu Leandro. – Vou pedir a mão dela ao Cri.

Riram e foram jantar. Ficaram conversando até tarde e decidiram que a procura continuaria, planejando, entusiasmados, o futuro.

nove

O Órfão

OLÍVIA me chamou logo cedo. Como seu chamado não era urgente, organizei-me e, logo que me foi possível, fui à Casa do Bosque.

— Antônio Carlos — disse minha amiga ao me ver —, Iron não está bem. Está ofegante e com muita fraqueza.

Fomos vê-lo. Bastou um rápido exame para diagnosticar.

— Olívia, minha amiga, Iron com certeza irá desencarnar logo.

— O que faço? — perguntou ela.

— Fique ao seu lado, ore, cante para ele, queira suavizar suas dores. Vou dar um passe nele com o mesmo objetivo.

Iron se acalmou e adormeceu. Calculei que ele dormiria por umas três horas. Fui ver Celina, encontrei-a trabalhando, alimentava os animais e Leandro a ajudava. Os jovens conversavam.

— Morena, quando ontem você me perguntou se seria capaz de abandonar um irmão, não respondi, porque não sei se tenho irmãos.

— Como não sabe? – perguntou a moça.

— Nós temos muitas coisas em comum. Você é órfã, e eu nem sabia se era. Tinha oito anos quando fui para um orfanato. Como não fui adotado, fiquei lá até os dezoito anos. Saí e fiquei como você mencionou: mudando de emprego. Não foi somente por irresponsabilidade, tive meus motivos, mas quero ter estabilidade no futuro. Antes, tendo dinheiro para me alimentar e para pagar a pensão onde moro desde que saí do orfanato, não ligava para mais nada. Agora será diferente, terei você.

— Fiquei órfã, mas tive um lar – contou a garota. – Dona Olívia era uma mulher muito boa, sempre me tratou com bondade, delicadeza, cuidou de mim, fez ir à escola. E até pensava que tinha um irmão! Tenho também Diva, uma grande amiga, gostamos uma da outra como irmãs. Você foi muito infeliz no orfanato?

— Mais ou menos – respondeu ele. – No orfanato para onde fui, tinha muitas crianças e poucos funcionários. Ali havia pessoas boas, outras nem tanto. Os adolescentes eram revoltados, havia brigas e castigos para manter a ordem. Senti muito não ter alguém para conversar, me acalentar quando sentia medo ou dores. Levei surras dos garotos mais velhos. Não tive lá dentro algo que fosse meu realmente, nenhum brinquedo ou roupas, era tudo de todos. Estudei também, queria fazer uma faculdade, mas não tive vontade suficiente para lidar com as dificuldades. Senti muita solidão e medo.

– Você não se lembra de nada de sua vida antes de ir para o orfanato? – a garota perguntou, sentindo pena.

– Lembro sim. Morava com uma mulher e pensava que ela era minha avó. Chamava essa senhora de vovó Dinha. Nas minhas lembranças, ela era idosa e andava mancando. Ela me tratava bem. A casa em que morávamos era modesta, havia janelas que não fechavam direito, sem forro, e eu sentia muito frio no inverno. Às vezes, dormia com fome por não termos o que comer. Recordo de uma moça bonita me visitando. Isso deve ter ocorrido poucas vezes. Penso que era minha mãe. Ela era bonita e muito enfeitada e, quando vinha me ver, abraçava-me apertado. Um dia, vovó ficou doente e foi internada num hospital. Fiquei sozinho na casa, e as vizinhas me traziam comida. Vovó estava fora havia duas semanas quando uma senhora me disse com delicadeza que minha avozinha tinha ido para o céu, morrera e precisava morar em outro local. Chorei muito. Ela me levou para o orfanato e nunca ninguém foi me visitar.

– Depois, você não procurou saber se tinha família?

– Aos dezessete anos, uma assistente social arrumou meu primeiro emprego. Foi num armazém. Eu carregava caixas e ia ao orfanato somente para dormir. O dono do armazém comoveu-se com minha história e foi comigo ao bairro onde, segundo lembrava, morava essa senhora. O lugar, na periferia, era habitado por pessoas pobres, e lá perguntamos muito até localizar o local. A casa não existia, fora demolida. Os antigos moradores da rua lembraram e nos deram informações. Essa senhora, a vovó Dinha, cuidava de crianças para sobreviver, quase todos filhos de prostitutas. Mães que pagavam para ela uma quantia para cuidar de seus filhos. Nos últimos anos, ela estava somente com um garoto, pois estava idosa e doente. Uma mulher lembrou que a mãe dela levara um menino para o orfanato quando dona Dinha faleceu. Perguntei a todos ali se alguém, uma mulher, estivera ali perguntando do menino. Ninguém lembrou. Mas todos sabiam que a criança tinha sido levada para o orfanato.

Leandro enxugou as lágrimas, Celina o abraçou, confortando-o, e quis saber mais.

– E depois, você não tentou encontrar sua mãe?

– Tentei – respondeu ele. – Quando saí definitivamente do orfanato, juntei algum dinheiro, voltei num domingo ao local onde vovó Dinha havia morado, para conversar novamente com os moradores, antigos vizinhos, e não obtive mais nenhuma informação. No meu registro de nascimento consta somente o nome de minha mãe e de meus avós maternos. Sabendo o nome de minha genitora, tentei localizá-la, coloquei anúncios em jornais, fui em delegacias, cemitérios, hospitais e em casas de prostituição. Uma senhora mais velha de uma dessas casas me contou que, na época que citei, data do meu aniversário de oito anos, um grupo de moças havia saído do país para trabalhar, mas não se lembrava do nome de ninguém, e, além disso, essas moças muitas vezes usavam outros nomes ou tinham apelidos. Mas que uma delas tinha um filho, um menino que deixara com alguém. Procurei pelos meus avós maternos. Eles não eram da região e acabei por saber que haviam falecido. Me conformei com a ideia: não tenho família!

– Você sofreu muito! – exclamou Celina, comovida.

– O pior foi morar no orfanato! Criança abandonada sente muito. Sonhava que alguém viria me buscar e iria ter um lar. É a primeira vez que me hospedo numa casa. É muito prazeroso ter rotina, levantar e encontrar o café pronto, ter horário para o almoço e o jantar. Dona Antônia, a dona da pensão, até que se preocupa comigo, dá palpites em minha vida. Se adoeço, ela me dá chás ou remédios. Mas para ela eu sou somente um inquilino que lhe paga todo o mês. Senti muita solidão no orfanato, e os funcionários tinham muito o que fazer, nenhum tempo para nos escutar. A lei era a do mais forte. Alguns internos eram maldosos. Você falou que mudei muito de emprego e tem razão, mas o fiz por um motivo: saber se tinha família, procurar minha mãe. Estava bem empregado quando surgiu a oportunidade de trabalhar num cartório. Eu fui na esperança de que, trabalhando lá, poderia obter alguma informação sobre ela. Obtive notícia de meus avós, soube que haviam morrido, mas não consegui saber se eles tiveram outros filhos além de mamãe. Arranjei um emprego como jardineiro na casa de um delegado, e ele me ajudou, verificou se o nome dela constava em alguma prisão do país. Minha mãe não estava presa. Depois, trabalhei com um detetive, o Nelsinho, o que me arrumou este trabalho, e neste escritório fiz outras investigações. Descobri que, de fato, um grupo de moças, meses antes de dona Dinha falecer, tinha saído do país e, pelo que apurei, nenhuma regressara. Conversei com parentes de algumas, eles não receberam mais notícias delas. Concluí, mais por intuição, que minha mãezinha era uma dessa moças.

Os dois se olharam fixamente. Leandro beijou as mãos de Celina.

– Morena, eu sentia amar alguém. Sabia, não sei explicar como, que ia encontrá-la um dia. Amei-a antes de a conhecer. Quando a vi, tive certeza de que era você o amor da minha vida.

– Quando apontei a espingarda? – perguntou a mocinha.

– Não, naquele momento me apavorei. Foi no outro dia que consegui olhá-la, vê-la direito. Quero casar com você, ser um bom marido, ter filhos, e iremos cuidar deles muito bem. Temos uma experiência de vida sofrida. Órfãos, aprendemos a lição: seremos ótimos pais. Quero mesmo cuidar de crianças, trocar fraldas, dar papinha, levá-las para passear, brincar, ser um pai carinhoso.

Os olhos de Celina brilharam de alegria, esperança, imaginando a cena. Pensou por instantes no que ele falou, depois perguntou:

— Você disse que aprendemos a lição? Não entendi!

— Nos visitava no orfanato um grupo de espíritas que fazia um trabalho voluntário. Era uma de nossas alegrias. Eles nos ensinavam a orar, falavam de Jesus e da reencarnação. Por isso, Morena, não me revoltei. Em espírito, renascemos muitas vezes em corpos diferentes. Assim, vamos aprendendo. Deus não é injusto! Quando saí do orfanato, passei a frequentar centros espíritas e li alguns livros sobre essa doutrina. Assustei, quando percebi espíritos naquela noite em que entrei na casa. Vi um vulto de botas e depois escutei uma gargalhada. Mas assustado preferi pensar que estava imaginando, porque antes nunca tinha visto algo tão nítido.

— Que bom que viu! — exclamou Celina.

— Bom? — indagou ele, sorrindo.

— Moramos no sítio Diva, Cri, eu e alguns fantasmas. O de bota é o senhor Gumercindo, que, não sei por quê, está dormindo. A gargalhada é de Emílio, uma alma que fica por aqui e até nos ajuda. Naquela casa em ruínas mora outra alma, é Aparecida, uma mulher que foi amante do senhor Gumercindo. Às vezes, vejo um fantasma que vem visitá-la.

— Você é médium! Precisa aprender a lidar com sua mediunidade. Se ficarmos aqui, vou lhe dar livros para ler.

Se nos mudarmos, iremos juntos frequentar um centro espírita e estudar.

– Tinha vergonha de dizer que vejo e falo com almas. Ainda bem que compreendeu – falou a moça.

– Esse fato é comum. Muitas pessoas veem e conversam com pessoas que já mudaram de plano. Somos todos espíritos, mesmo quando vestidos com este corpo – Leandro bateu no peito. – Dizemos que estamos encarnados, e, quando ele morre, somos desencarnados. O Espiritismo nos ensina, consola e orienta. Quando fiz todas essas buscas que lhe contei, passei a sonhar com aquela moça que me abraçava quando eu era menino. Esses sonhos eram agradáveis, mas eu me sentia saudoso e triste. Uma senhora que trabalhava comigo nesta época, num escritório de advocacia, me disse que via perto de mim um espírito de uma moça. Fiquei impressionado, fui ao centro espírita e, após a palestra, pedi para conversar com um senhor que frequentava o local ajudando a todos. Contei a ele meus sonhos e ele me convidou a voltar no dia seguinte para assistir a um trabalho de orientação de espíritos. Nessa reunião, encarnados e aqueles que estão no Além conversam.

– Você está me dizendo que existem locais onde pessoas podem conversar com os mortos, com as almas? – Celina perguntou, admirada.

– Sim, existem – respondeu o rapaz. – Há pessoas que estudam esses fenômenos, e essas reuniões são organizadas.

Eles chamam de desencarnados, como já lhe falei, pessoas que tiveram o corpo físico morto.
— Conversam normalmente? Eles não sentem medo? — perguntou ela, curiosa.
— Não conversam como você e eu. Pela mediunidade, capacidade de ser intermediário, pessoas que escutam ou veem espíritos podem fazer isso. Os desencarnados falam, os médiuns repetem e outra pessoa os orienta.
— Gostaria de ver uma reunião assim!
— Levarei você — prometeu Leandro. — Verá que existem muitas pessoas que veem e escutam aqueles que mudaram do plano físico para o Espiritual.
— Vou gostar de frequentar um lugar assim! Continue contando. Você conversou com sua mãe?
— Na segunda vez em que fui, uma senhora médium repetiu o que o espírito de minha mãe falava. Foi muito comovente! Chorei muito. Ela disse que sempre me amou. Contou que ficara grávida aos catorze anos, e os pais dela a expulsaram de casa. Foi acolhida numa casa de prostituição. Eu nasci, ela mudou de cidade, foi ser prostituta e pagava dona Dinha para cuidar de mim. Sempre que podia ia me visitar. Surgiu uma oportunidade de ela melhorar de vida. Um casal estava contratando moças para se prostituir em outro país. Ofereceram muitas vantagens. Ela aceitou. Planejou viajar, organizou-se, avisou dona Dinha, prometendo mandar dinheiro todo mês, e pretendia economizar o bastante para que pudesse adquirir uma casa quando

voltasse, abrir uma loja e ficarmos juntos. Foram ingênuas, não encontraram nada do que foi prometido. Infelizmente, golpes assim acontecem. Essas moças deveriam ter entendido que muitas facilidades não existem. Quando muito é oferecido, é preciso desconfiar, averiguar, para depois aceitar. Acabaram se tornando escravas, ficaram presas. Recebiam somente alimentos e, se não obedecessem àquelas pessoas, eram surradas. Minha mãe chorou muito, e a médium chorou também. Um senhor, orientador encarnado, conversou com ela, acalmou-a, e então ela conseguiu terminar seu relato. Mamãe e suas companheiras não conseguiram mandar dinheiro como prometeram. Ela ficou muito preocupada comigo e sentia muitas saudades. Não ter notícias dos que ficaram era uma agonia. Foram doze moças que se tornaram amigas de infortúnio. Se alguma ficava doente, ela sumia, pois eles a matavam. Foi um período em que mamãe sofreu muito. Ela desencarnou e ficou em espírito perto das outras companheiras, sentindo ódio, e se perturbou, nem sabia que seu corpo físico tinha morrido. Os anos se passaram. Um dia, socorristas bondosos ajudaram-na, levaram-na daquele lugar para uma casa de auxílio. Mamãe compreendeu que mudara de plano e quis me ver. Uma trabalhadora do Além a trouxe de volta ao nosso país, a deixou abrigada num posto de socorro e, aí, soube de mim. Minha mãezinha me pediu perdão, disse que não deveria ter me deixado. Perdoei-a. Ela ainda me contou que sofrera muito nesta encarnação em consequência de muitos erros, maldades que fizera no passado, em outras existências, e que eu também sofrera a orfandade para aprender a dar valor ao lar, a pais e filhos. Disse que ia pedir para reencarnar para ter a bênção do esquecimento e um recomeço. Abençoou-me e despediu-se. Fiquei muito comovido com esse encontro, por saber dela. Agradeci ao grupo e nunca mais sonhei com aquela moça, ou seja, minha genitora.

Leandro enxugou as lágrimas. Celina estava emocionada e perguntou:

– Depois disso você deu por encerrada a procura, não foi?

– Sim. Compreendi minha mãe e tudo o que passei. Se eu sofri, ela sofreu muito mais.

– Não pensei que vendo espíritos e conversando com eles pudesse ajudar alguém. Você foi muito auxiliado por uma pessoa que aprendeu a fazer o bem com essa possibilidade.

– Com a mediunidade – falou Leandro. – Você tem razão, Morena, podemos fazer muitas coisas boas, e o espiritismo ensina...

Fizeram todo o trabalho conversando, e ele foi explicando à Celina o que sabia sobre a Doutrina Espírita.

dez

Iron Desencarna

ESTAVA sendo prazeroso escutá-los, mas, preocupado com minha amiga, fui ao porão. Encontrei-a junto do filho, confortando-o. Percebi que ele logo desencarnaria. Voltei para perto de Celina e fiz com que se lembrasse de Iron. Queria que ela estivesse perto daquele que julgara ser seu único parente, neste momento que seria especial para ele. A garota pensou no prisioneiro do porão e disse ao namorado:

– Hoje, quando fui levar café para o Cri, não o encontrei bem. Estava ofegante.

– Vamos vê-lo.

Foram ao porão, e, assim que Leandro viu Iron, comentou:

– Celina, seu irmãozinho está passando mal. Escuta sua respiração. Ele está doente! Você já o viu assim?

– Cri já esteve doente, mas não desse modo. Vou chamar Diva.

Celina subiu as escadas correndo, voltando em seguida acompanhada por Diva. Ficaram os três frente à grade, olhando o doente, que continuou deitado.

– O almoço está pronto, vou buscar para ele. Cri está sempre com apetite – falou a nora de minha amiga.

Rápida, Diva buscou o almoço, mas o doentinho nem quis olhar para a bandeja. As duas se preocuparam.

– Ele nunca fez isso! – exclamou Diva, apreensiva. – O que iremos fazer?

– Com certeza, nada de chamar um médico ou levá-lo em um – disse Leandro, olhando-as, e como elas negaram com a cabeça, ele determinou: – Vamos entrar na cela e ficar com ele, iremos orar e, como ele gosta de canto, cantaremos.

– Tenho medo de abrir a cela – expressou Diva.

– Pois não tenha – pediu o moço. – Já trabalhei num hospital e sei quando uma pessoa está morrendo. Vamos confortá-lo para ele partir deste mundo se sentindo amado.

Diva pegou a chave que estava escondida num vão da parede, abriu a cela, e os três se aproximaram de Iron, que, ao vê-los e escutá-los, sentiu-se reconfortado. Olhou-os com carinho.

Eles oraram o Pai-Nosso, a Ave Maria e cantaram. O ambiente estava radiante, como sempre fica quando pessoas oram. Uma equipe de três espíritos socorristas chegou. Eles cumprimentaram a Olívia e a mim, examinaram Iron, e um deles nos informou:

– *Cinco minutinhos e poderemos desligá-lo.*

De fato, quatro minutos se passaram, e Iron abriu os olhos, olhou-as, agradecendo, fechou-os novamente e parou de respirar.

– Cri não respira mais! – exclamou Celina, chorando.

– Não chore, Morena – pediu Leandro. – Vamos continuar orando.

A desencarnação de Iron foi uma tarefa fácil. O ambiente estava tranquilo, ele não era apegado ao corpo físico. Os encarnados ali presentes sentiram que era o melhor para ele. E para o filho de Olívia foi uma libertação. Adormeceram-no, e o recém-desencarnado permaneceu sereno. Rapidamente, os três socorristas desligaram-no da matéria física morta, e um deles o pegou como se ele fosse uma terna criancinha.

– *Antônio Carlos* – Olívia me avisou –, *vou com eles. Você pode, por favor, ficar aqui?*

– *Vá com seu filho. Eu fico. Farei companhia a eles* – respondi.

Os socorristas despediram-se e partiram. Os três jovens terminaram de orar.

– Cri morreu, desencarnou. O melhor é sairmos daqui e planejar o que fazer – convidou Leandro.

– Será que ele morreu mesmo? – perguntou Diva.

– Ele não respira – lamentou Celina.

– Vou pegar um espelho, colocar na frente do seu nariz. Se não embaçar, é porque não está respirando mais.

Diva falou, subiu rápido e voltou com um espelho.

– Está morto mesmo! Vamos para a sala – determinou a nora de Olívia.

Na sala, os três ficaram em silêncio por momentos, até que Diva comunicou:

– Hoje não vou mais ao banco!

– Amanhã é dia de o senhor Chico vir – lembrou Celina. – Vamos pedir a ele para contratar um táxi para buscá-la à uma hora da tarde. Fica mais fácil, não terá que andar até o mercadinho.

– Por favor, vamos planejar o que vamos fazer – pediu o moço. – Cri não é registrado. Pela lei ele não existe, por isso não precisam comunicar seu falecimento. Se o esconderam quando vivo, encarnado, não devem levá-lo para ser enterrado no cemitério. Se não o exibiram antes, não tem por que exibi-lo agora. Depois, vocês se complicariam, o esconderam, o mantiveram preso em cárcere privado, domiciliar, e isso é crime.

– Não tenho intenção de exibir seu corpo morto – falou Diva. – Você tem razão. Sei de tudo o que falou. Se não achei solução antes, agora não quero que ninguém saiba da existência dele. Vamos enterrá-lo aqui.

– Ia sugerir isso – disse Leandro. – Ajudo-as. À noite, cavaremos uma cova bem funda e o enterraremos.

– Por que à noite? – perguntou sua namorada.

– Quando vim para cá, o fiz de tarde, escalei o muro com o auxílio de um galho, fiquei em cima de uma árvore até anoitecer, observei a casa. Muitas pessoas na cidade têm curiosidade de saber como é aqui e o porquê desse bosque ser murado. Se o fiz, outros podem espionar e, se nos virem enterrando alguém, podemos nos complicar. Vamos almoçar, depois pegaremos os lençóis, enrolaremos Cri, escolheremos onde enterrá-lo e, quando anoitecer, faremos o buraco.

— Concordo — decidiu Diva. — Cri sempre viveu nesta casa, no porão. Que seja enterrado aqui e num local onde provavelmente ninguém cavará. Faremos isso à noite. Vou esquentar a comida e vamos almoçar.

Sentaram à mesa.

— Não estou com fome — queixou-se Celina.

Leandro estava faminto, mas, temendo magoar a garota, não se serviu. A nora de minha amiga percebeu e falou:

— Celina e eu, que convivemos tanto tempo com Cri, temos motivos para estarmos tristes, embora sabendo que foi o melhor para ele. Você não, Leandro, conheceu-o há pouco tempo. Por favor, coma! Temos muito que fazer. Mesmo sem fome, devemos nos alimentar.

— Sinto-me sozinha — lastimou Celina. — Pensava que Cri era meu irmão e que tinha alguém. Agora...

— Celininha — Diva repreendeu-a —, o que somos uma para a outra? Será que somente eu pensava ser amada como irmã? Nossa amizade acabará? Você sempre terá a mim como irmã! E, Leandro, advirto: é melhor ter boas intenções com ela.

A mocinha olhou-a agradecida, e o moço respondeu:

– Gosto desta morena, muito mesmo. Quero casar com ela e o mais rápido possível. Vou arrumar um emprego e casaremos.

Depois que almoçaram e deixaram tudo limpo, foram pegar os lençóis e desceram ao porão. Enrolaram o corpo de Iron, deixando-o deitado no local em que costumava dormir. Foram ao quintal e escolheram enterrá-lo entre duas frondosas mangueiras.

– Posso pedir ao Emílio para fazer uma ronda, olhar pelo bosque, pelo sítio, e ver se tem alguém espiando – falou Celina.

– Pode pedir – concordou seu namorado. – Porém ainda prefiro enterrá-lo à noite.

Emílio foi atender ao pedido da garota, e eu também verifiquei pelo bosque, perto do muro, o resto da propriedade, e ninguém além de nós estava por ali. O casal de namorados foi tratar dos animais. Diva fez pequenas tarefas na casa. Eles estavam tristes. Aguardaram escurecer, e, quando o sol se pôs, o moço pegou pás, enxadões, e os três se puseram a cavar. Demoraram, mas o buraco ficou pronto. Os jovens pegaram o corpo de Iron com dificuldades, pois ele era pesado, e o trouxeram para o quintal, o colocaram na cova, jogaram flores e oraram.

– Deus, aceite-o no céu, ele não teve culpa de não ser batizado – rogou Diva.

– Será que Deus não o aceitará no céu por ele não ter sido batizado? – perguntou Celina, preocupada.

— Claro que o aceitará — respondeu Leandro. — Deus não dá importância a atos externos. Se nascemos muitas vezes, podemos ter sido várias vezes batizados ou nenhuma. O batismo não interfere no fato de estarmos bem ou não, quando mudamos de plano. Cri não fez nenhuma maldade e sofreu muito, deve ter reencarnado assim por erros que cometeu no passado, em suas outras existências. Agora está bem e ficará melhor ainda. Vou orar: "Jesus, bons espíritos, ajudem o Cri no plano espiritual, que ele possa dormir tranquilo e, quando acordar, se sentir muito bem."

Jogaram terra. O moço sabia como fazer esse trabalho. Estavam cansados quando acabaram.

— Amanhã cedo virei aqui e não deixarei marcas. Ninguém dirá que neste lugar foi enterrada uma pessoa. Vamos descansar — determinou ele.

Esquentaram água, banharam-se e foram dormir. Fiquei por ali. Olívia regressou pouco antes do amanhecer.

— *Deixei Iron bem instalado, levei-o para a enfermaria onde trabalho. Ele irá dormir por vários dias. Quando acordar, estarei a seu lado para lhe dar as boas-vindas. Fui também visitar Robson, contei a ele que Iron desencarnou e o que Diva pretende fazer. Ele ficou contente por me ver, pela decisão de sua ex-esposa e pelo irmão estar bem.*

Celina, como de costume, acordou cedo. Pensou em Cri, não escutou seu chamado, chorou, sentiria falta dele. Mas o namorado tinha razão, concluiu, seu irmãozinho deveria estar muito bem. Deus é justo e bondoso, não iria deixar de aceitá-lo por ele não ter sido batizado. Levantou e foi fazer seu trabalho, logo depois Diva e Leandro levantaram.

– O senhor Chico virá à uma da tarde – lembrou Diva. – Vamos pedir a ele para chamar um táxi. Com a morte do Cri, não temos mais nenhum motivo para ficarmos aqui. Iremos para a casa de Diná. Quero ficar perto de meus filhos. Estou curiosa para saber o que tem no cofre.

Tomaram o desjejum conversando. Pelo compromisso assumido com meu trabalho, teria que me ausentar do sítio. Recomendei a Olívia que ficasse atenta. Se visse Sebastião ou sentisse que ele viria a casa, deveria me chamar. Voltaria para acompanhar sua nora ao banco. Quando retornei à Casa do Bosque, tudo estava tranquilo, apenas Diva estava apreensiva. Leandro orientou pela décima vez o que ela precisava fazer.

Os namorados acompanharam-na até o portão e combinaram que a esperariam ali. O táxi chegou no horário. Diva fez o trajeto em silêncio, chegou ao banco e foi conversar com o gerente. Pediu para ser levada à sala dos cofres, pois queria abrir o da família. O gerente conduziu-a, abriu duas portas e lhe mostrou a sala, perguntando se precisava de ajuda, e ela recusou, ficou sozinha. Diva encontrou rapidamente a caixa que pertencera ao seu sogro: estava identificada com as iniciais de seu nome. Abriu a portinha com a chave e, dentro da caixa, como Leandro falara, havia um cofre pequeno. Ela rodou o botão conforme a combinação, e ele se abriu. Lá dentro, estavam somente três envelopes. Diva, nervosa, tremendo de emoção, os pegou e colocou na bolsa. Fechou novamente o cofre, trancou a portinha e saiu apressada da sala. Teve que bater na segunda porta para sair. Passou para a área de atendimento e despediu-se do gerente com um aceno de mão. Entrou no primeiro táxi que viu e voltou ao sítio. Pagou o taxista, atravessou a ponte correndo, bateu no portão e, ao vê-los, exclamou, aliviada:

– Tudo certo!

Foram para casa, e, no caminho, Diva contou o que acontecera. Para ela, tinha sido uma aventura. Quando estavam acomodados nas poltronas da sala, a nora de minha amiga abriu os envelopes e pediu:

– Leandro, me ajude, vamos ler tudo.

Pelos documentos, viram que o senhor Gumercindo havia passado em vida, quando estava encarnado, muitos bens, terras e casas para Diva, e o restante para Aldo e Alice.

– Sou rica e nem sabia! – ela exclamou.

– Como eu supunha, nada a prendia aqui e não tinha ou tem motivo para continuar morando nesta casa. O que você pretende fazer agora? – quis o moço saber.

– Vou vender o que está no meu nome. Pretendo comprar uma loja. Quero aprender a ser uma comerciante e voltar a estudar. Iremos embora e você, Leandro, irá conosco, eu o ajudarei a arrumar um emprego. Celina ficará comigo até se casar. Quero desfrutar do conforto. Nada mais de esquentar água para o banho, tomaremos banho em chuveiros. Vou dar conforto aos meus filhos, roupas boas, iremos passear e viajar. Com tanto dinheiro guardado, e Celina e eu economizando tanto... Com que recebia não dava nem para comprar roupas.

Planejaram. É muito bom, agradável, planejar o futuro quando estamos esperançosos. Decidiram que iriam levar poucos objetos, e o restante iriam vender ou doar. Lembraram-se do senhor Chico, que há anos fazia compras para elas: dariam várias coisas para ele. Diva decidiu se desfazer do sítio, o colocaria para vender em diversas imobiliárias. Queria ir embora dali para sempre, não pretendia mais voltar, nem a passeio.

Jantaram conversando. Depois, cansados de tantas emoções, foram dormir.

onze

A História de Emílio

OS ENCARNADOS estavam dormindo. A noite estava agradável, não ventava, tudo muito silencioso. É prazeroso desfrutar dos encantos de uma noite estrelada em que a lua cheia ilumina nossos caminhos. O bosque parecia encantado, os raios lunares sobre as árvores produziam sombras, formando imagens pitorescas.

Procurei por Emílio e encontrei-o num banco do jardim onde Olívia e eu havíamos sentado para conversar. Ele estava pensativo e preocupado. Observei-o de longe. Emílio ajoelhou e orou. Aquele homem não se lembrava das preces decoradas. Com certeza, se sabia alguma delas, se esquecera, e clamou por ajuda. Seu apelo era sincero e comovido. Esperei que orasse e roguei também por orientação, para que pudesse auxiliá-lo. Quando vi que terminara sua prece, me aproximei dele.

– *Boa noite, Emílio!* – cumprimentei-o baixinho, para não assustá-lo.

Ele se levantou e me olhou. Repeti o cumprimento, respondeu-me e ficou por momentos sem saber o que fazer. Sentei no banco e, com um gesto de mão, convidei-o a sentar-se a meu lado. Emílio acomodou-se junto a mim e perguntou:

— *Você é a resposta das minhas preces?*

— *Deus, Nosso Pai* — respondi —, *permite que seus filhos se ajudem. Se quiser, podemos conversar. Com certeza encontraremos soluções para nossos problemas. Costuma orar?*

— *Não muito. E você? Reza sempre?*

— *Sim, costumo orar* — afirmei. — *Quando oro tento me ligar às energias benéficas. Nessas ocasiões sinto com mais intensidade Deus dentro de mim.*

— *Por que e para que você ora?* — perguntou Emílio.

— *Para louvar, agradecer, para rogar ajuda ou orientação. É o meu alimento espiritual. Você está preocupado? Posso ajudá-lo?*

— *Vi você conversando com Aparecida* — falou ele. — *Senti sua presença por aqui com dona Olívia. Deve ter sido você que adormeceu o senhor Gumercindo. Preciso de auxílio. Mas não quero sumir como Aparecida.*

— *Aparecida somente quis ir para outro lugar. Levei-a para um local onde aprenderá muitas coisas. Ela foi porque aceitou meu convite e está bem melhor agora. Posso tentar encontrar uma solução para seu problema, não o levarei para lugar nenhum se não quiser.*

— *Ela, a que ia ser a mãe do Valdo, foi a um centro espírita? Eu já fui uma vez e não deu certo.*

– Levei Aparecida para uma colônia – contei. – Uma cidade onde moram desencarnados. Lá existem escolas, hospitais e é muito bonito. Local ideal para nós, que mudamos de plano, morarmos durante o período em que precisamos ficar na Espiritualidade. Mas por que sua ida a uma casa que segue a Doutrina dos Espíritos codificada por Kardec não deu certo?

– Uma vez – contou Emílio –, saí com Valdo, fomos a um bar. Ele e seus amigos resolveram ir a um centro espírita. Não para pedir auxílio, mas para fazer algo diferente, se divertir, brincar com os bons, como eles chamavam os frequentadores do centro. Acompanhei-os. Antes de irmos, recebemos algumas orientações. Deveríamos fingir, nos queixarmos da vida, dizer que sentíamos dores, que não sabíamos que nosso corpo físico tinha morrido. Nos aproximamos da casa e ficamos na porta. Fomos convidados a entrar e aguardamos numa fila para sermos atendidos. Curiosos, ficamos observando. O local era pequeno. Lá se encontravam somente oito encarnados. Fiquei admirado, nunca tinha visto uma reunião como aquela, onde se agrupavam pessoas querendo ajudar os mortos da carne. Sei que algumas pessoas conseguem ver espíritos. Celina me vê, me ouve e nós dois conversamos, mas ali era diferente. Nosso grupo aproximou-se dos encarnados. Nós falávamos, eles repetiam com bastante fidelidade o que dizíamos, e um deles conversava conosco. Alguns companheiros de Valdo acharam que enganavam. Eu duvidei e não quis conversar com ninguém, então me empurraram e me aproximei de uma senhora. Como eu não quis falar, uma mulher me disse coisas muito bonitas, me trataram bem. Acabei falando, confessei que eu fora por curiosidade, que não queria nada. Tive que escutar eles falarem do Evangelho e de Jesus. Foi para mim um alívio quando a reunião terminou, só então conseguimos nos mover, porque, desde que havíamos entrado, ficamos como se estivéssemos paralisados. Vimos muitos desencarnados que lá trabalhavam, e eles somente nos olhavam. Nosso grupo era de catorze desencarnados. Quatro se emocionaram durante a reunião, choraram, pediram desculpas e rogaram para ficar ali. Foram atendidos. Saímos em dez e somente dois riam. Um dos que se divertiam disse: "Falei que me sentia sufocado e..." De repente, ele ficou do jeito que fingira se sentir, respirando com muita dificuldade, e dois entre nós passaram muito mal. Valdo sentiu-se doente, voltou para o sítio, foi ficar com Aparecida. Eu retornei para cá e prometi e cumpri nunca mais sair com Valdo. O que escutei no centro ficou repetindo como um disco em minha mente por muitos dias. Não nos divertimos, pelo menos não eu. Valdo me disse depois que passou mal por quinze dias, e os companheiros também não ficaram bem. Mais três do grupo voltaram lá para se desculpar e pedir auxílio, desta vez com sinceridade. Eles também prometeram que nunca mais brincariam com pessoas sérias. Como abusei, não sei se eles me receberão.

– O uso é permitido – falei. – Ao abusar de algo, pode-se ficar sem quando se necessitar realmente. Porém, creio que se você voltar lá querendo uma ajuda real desta vez poderá ser socorrido. Se você conhecer o trabalho dessas pessoas que querem o bem de outros, entenderá que é preferível ser enganado do que enganar. Os trabalhadores desencarnados deste centro espírita não foram enganados. Talvez vocês possam ter logrado os encarnados, porém, para eles, esse fato não fez diferença, pois são realmente os doentes que precisam de remédios. Para os enganadores, ao contrário, fez diferença, tanto que o acontecimento ficou marcado em você. Duvido que algum deles se lembre, mas os enganadores não esquecem. Creio que a semente foi jogada e um dia poderá brotar, podendo até dar frutos.

Ficamos em silêncio por momentos e ele falou:

– Uma coisa me deixa encabulado e queria saber. É sobre essas reuniões. Posso perguntar?

– Se eu souber a resposta, terei o prazer de esclarecê-lo.

– Não precisamos, para nos comunicarmos com os vivos – nós, os mortos da matéria física –, abrir o portal? De vinte e um desencarnados? Estávamos naquele dia em catorze, vi outros três. Será que foram contados os bons que trabalham lá? Não vi porta ou portal nenhum.

Emílio olhava atento para mim. Percebi que ele tinha muita curiosidade sobre esse assunto. Sobre a possibilidade de abrir uma dimensão para outra. Para encarnados, passagem e abertura têm a ver com porta. Vi em desenhos animados portões para passar a diferentes dimensões. Tentei achar uma maneira de explicar a ele e respondi:

– Vivemos, nós que desencarnamos, de outra maneira. Temos locais onde podemos morar, e a vida continua. Você preferiu viver aqui, ocupa o mesmo espaço, porém de forma diferente de Celina ou Diva. Afirmamos que o espírito muda, para quem teve o corpo físico morto, do plano físico para o espiritual. Ele não passa por portais ou portas. Estas não existem. Talvez essa imagem simbólica tenha surgido para explicar que passamos de um plano a outro. Para haver uma comunicação, não é necessário determinado número de espíritos, basta que entre os encarnados haja ao menos um médium, que tenha o dom de nos ver ou nos ouvir, de ser intermediário. Em reuniões sérias, nas quais a finalidade é auxiliar, médiuns se concentram e permitem que espíritos se comuniquem para receber orientações. Aprendendo a lidar com a mediunidade, o médium se encontra ali para ser intermediário. Essas pessoas sensitivas, após o término dos trabalhos, farão seus atos costumeiros e não têm razão para receber comunicação em outros horários. Pode parecer para certos espíritos que esse processo é como abrir ou fechar uma porta. O sensitivo, ao aprender, não sintoniza com desencarnados até a próxima reunião.

— Existe a possibilidade de, em uma reunião espírita, desencarnados se apossarem de encarnados? — Emílio quis saber.

— Nenhuma — respondi. — Vamos voltar novamente ao uso e ao abuso. Afirmo que, numa reunião de auxílio, médiuns estão usando de sua mediunidade para fins úteis, praticando a caridade, aprendendo a amar, fazendo a outros o que gostariam que lhes fizessem. Um uso da mediunidade com grande proveito resulta um bem enorme principalmente para si mesmo e para muitos. O abuso...

— *Eu também já abusei* — interrompeu Emílio. — *Há muito tempo, um grupo de jovens se reuniu ao redor de uma mesa onde puseram letras e números e chamaram um espírito, que eles disseram ser alma, para responder às suas perguntas. Necessitavam, para fazer esse intercâmbio, de vinte e um desencarnados. Eles estavam em vinte, e um deles, um espírito mandão, ruim, me pegou para completar o número. Fiquei somente observando. Somente dois do grupo responderam, deram datas, falaram de mortes, sugaram energias dos garotos. Quando acabaram, o que me obrigou a participar me disse: "Agora, se quiser, pode ir embora ou ficar com algum dos garotos, menos estes três, são meus e de amigos". Ousei e perguntei: "São de vocês como?" Esse espírito mau riu e me explicou: "Eles não nos chamaram? O portal se abriu, agora que aguentem, não sairemos de perto deles. Vão pagar pelas informações". Conheço de longe esses seres. Tenho medo deles e me afastei. O que aconteceu com esses jovens? Como eles ficaram?*

— *Nos complicamos pelo abuso. Mesmo se essas evocações foram feitas por brincadeira, esses jovens chamaram esses espíritos para perto de si e estes resolveram ficar. De fato, ao chamar, evocar, trazem para perto desencarnados que podem ser maus ou brincalhões. Dificilmente são bons, porque estes normalmente têm muito o que fazer e não têm tempo para brincar. Imprudentes respondem o que querem, enquanto os bons dizem somente o que sabem ou o que lhes é permitido. Ninguém sabe quando alguém irá ter seu corpo físico morto. Ao dizer algo sobre esse fato, inventam, achando graça do impacto dessas* revelações mentirosas. Muitas brincadeiras assim podem resultar em obsessões e complicar a vida dessas pessoas. Espíritos que foram evocados costumam dizer que é difícil mandá-los embora e fechar o portal. Ou seja, afastá-los dos evocadores pode não ser fácil. Porém, bons pensamentos, orações realizadas pelos envolvidos, fazem com que sejam companhias desagradáveis a esses espíritos maldosos, e isso os repele. Aqueles que brincaram, sentindo medo e a presença desagradável destes, se incomodam e acabam procurando o auxílio de religiões ou em centros espíritas que tentam orientá-los e normalmente conseguem afastá-los de perto dos encarnados.

Ouvimos um barulho. Emílio levantou-se rápido para ver o que era. Vimos uma coruja. Ele me explicou:

— Tenho de ficar alerta. Temo que Celina saia do corpo físico em perispírito e que algum desencarnado possa cortar seu barbante e ela morrer. Ainda mais com Sebastião por aí, ele pode ficar furioso com o sumiço de Valdo e Aparecida.

— Você tem medo de Sebastião?

— Tenho. Trato-o bem e até faço alguns favores a ele em troca de não se aproximar de Celina.

— Você o enfrentaria?

— Se fosse para proteger Celina, sim, embora sabendo que não tenho chance com ele – respondeu Emílio, suspirando.

— Seu medo não tem fundamento – afirmei.

— Como não? Você conhece Sebastião? Não sabe do que ele é capaz!

— Refiro-me ao seu receio de Celina mudar para o Além se alguém cortar seu cordão. Os moradores do plano material têm esses vínculos que prendem seus perispíritos aos corpos físicos. Eles podem se afastar, ir a locais distantes e continuar ligados ao físico por esses fios. Distinguimos encarnados que se afastam do corpo carnal dos desencarnados em virtude desses vínculos.

— Já pedi a Celina muitas vezes para retornar rápido ao corpo durante um aperto. Ela é teimosa, nem sempre faz o que lhe peço. Você tem certeza de que isso não pode acontecer? Ninguém pode cortar seu barbante ou cordão?

— Tenho! — afirmei com convicção. — Se isso fosse possível, muitos desencarnados imprudentes o fariam com seus desafetos ou quem atrapalhasse seus projetos. Ninguém tem poder de destruir ou desprendê-lo. Muitos espíritos, inteligentes estudiosos maldosos, fizeram várias experiências que não deram resultado. Porque esse cordão não pode ser cortado, como você teme, e encarnados podem se afastar de seus corpos físicos conscientes ou adormecidos e ir a muitos lugares. Mas seu conselho é útil: durante um aperto, que voltem rápido, e podem ficar tranquilos, somente com a falência do veículo carnal é que esse cordão desaparece.

— Isso é muito bom! — exclamou Emílio. — Não sei por que pensei nessa possibilidade. Deus faz tudo perfeito! Estou, no momento, muito preocupado. Eles vão embora e o que irei fazer? Tenho medo de vagar por lugares desconhecidos. Como ajudar minha Celininha?

— Você ama muito essa moça! Existe motivo? — eu quis saber.

— Como se existisse motivo para amar... — debochou Emílio.

Me vendo sério, respondeu:

— Existe, sim. Quer saber?

— Sim, se não se incomodar em contar.

— Gostamos de falar de nós, de nossa história de vida, e quando encontramos alguém com paciência para ouvir... Na minha última vivência no corpo físico fui pai de Celina. Ela voltou ao físico e eu continuei vivendo errante. Morávamos no interior, local de fazendas, perto somente de vilas. Tinha oito filhos. Celina tinha outro nome, era a sétima e era linda. Éramos pobres, mas não faltava o essencial. Um senhor, proprietário de terras, morava numa casa grande, muito bonita, tinha um filho único e lhe fazia todas as vontades. Comprou Celina, ou melhor, eu a vendi. Minha filha tinha catorze anos. Este senhor queria uma moça para divertir o filho de dezessete anos, não queria alguém que pudesse transmitir doenças. Ofereceu-me uma boa quantia (para mim era muito) em troca dela, que passaria a morar na casa deles. Aceitei, e minha filhinha foi embora, achando que ia ser camareira, um tipo de empregada.

Emílio parou sua narrativa e chorou. Fiquei em silêncio, respeitando sua dor. Lembranças de erros, de maldades, doem muito. Enxugou as lágrimas e continuou contando:

— Vi poucas vezes minha filha depois disso. O dinheiro que recebi pela sua venda não fez fartura, me pareceu amaldiçoado. Minha esposa adoeceu, não me perdoou, morreu, e meus outros filhos saíram de casa. Nenhum deles, depois disso, sentia afeto por mim, apenas vergonha do que fiz. Senti remorso tardiamente. Esse senhor morreu, a esposa também. Celina *acabou casando com o moço e foi infeliz. Um dia encontrei com ela. Ao me ver, cuspiu no chão em sinal de repulsa. Clamei pelo seu perdão. Ela me respondeu: "É fácil fazer uma maldade e pedir perdão. O senhor tem consciência do que fez comigo? Fui enganada, fui para aquela casa achando que o senhor me arrumara um emprego e tinha sido vendida como uma escrava para ser prostituta. Sofri muito. Marc se apaixonou e exigi que ele se casasse comigo. Os pais dele nem podiam pensar nessa possibilidade, iam arrumar uma esposa para ele, então resolvemos o problema matando os pais dele. Casamos e somos infelizes. O senhor é o único culpado! Erramos, nos tornamos assassinos por sua culpa!" Eles tiveram dois filhos, mas Celina não cuidava deles, deixava-os com babás. Ela sofria de crises nervosas. Marc, assim se chamava o esposo de minha filha, desencarnou de forma violenta, caiu do cavalo, ficou com o pé preso e, arrastado pelo campo, teve seu corpo despedaçado. Celina, viúva, viveu sozinha em sua casa, não saía para nada. Enlouqueceu. Desencarnamos e sofremos muito. Viemos nos encontrar depois de muitos anos. Ela fora socorrida, estava lúcida e quis conversar comigo antes de retornar à vida física, reencarnar. Ela disse que não deveria culpar ninguém pelos seus erros. Que sofrera muito quando a vendi, se sentira sozinha, levara surras do senhor para que obedecesse, fora castigada. Marc a amou e então teve dias melhores. Os pais dele iam separá-los, decidiram levá-la para a casa de um primo para servir aos filhos adolescentes. Com certeza, ela estava sofrendo as consequências de seus erros de outras existências. Poderia fugir* sozinha ou com ele. Porém, não quiseram se separar e queriam desfrutar da herança. Planejaram e mataram o pai de Marc, que era doente. Trocaram os remédios e ele ficou acamado. Um dia, Marc o sufocou com um travesseiro. Meses depois, empurraram a mãe dele de uma escada e ela faleceu. Os pais dele não os perdoaram, ficaram na casa e obsediaram a ambos. A vida dos dois passou a ser complicada, sentiam remorso e se tornaram infelizes. Marc saiu a cavalo, e os pais dele assustaram o animal, que pulou e galopou pelo campo. Ele caiu e por ter ficado com o pé preso no estribo, foi arrastado. Com a desencarnação do filho, os dois obsessores se assustaram, não quiseram mais se vingar e foram embora. Marc, sem saber que mudara de plano, sofrendo muito, ficou perto da esposa, desequilibrando-a mais ainda. Marc foi socorrido e Celina desencarnou. Quando nos reencontramos, ela me perdoou e me disse que pedira para reencarnar tendo mediunidade: queria ver e ouvir espíritos; assim, se fosse obsediada, poderia saber. Marc já havia reencarnado. Eu não tive coragem de voltar ao plano físico, fiquei vagando e, quando encontrei Celina, fiquei perto dela. Agora tento agir como um pai, como deveria ter agido, cuidando dela.

Ficamos em silêncio por momentos.

– Emílio – disse –, você pode protegê-la com conhecimento. Eles vão embora, Leandro irá levar Celina a um centro espírita onde ela aprenderá a fazer o bem com a mediunidade. Vá junto. Desta vez peça auxílio para aprender a ser um bom protetor. Seja para Celina um companheiro de tarefas. Ajude-a, oriente-a de forma correta, sem interferir em sua vida.

— *Poderei fazer isso?*

— *Sim, poderá. Pedirei a Olívia, que os acompanhará, para procurar um centro espírita para você estudar, aprender a ser um trabalhador desencarnado, um protetor de médium.*

— *Deus me atendeu! Escutou minhas preces! Agradeço e aceito sua ajuda! Agora, vou agradecer a Deus!*

Ajoelhou-se e começou a orar. Ajoelhei-me também. O importante é orar com sinceridade, a oração não precisa ser acompanhada por atos externos, não importa se estamos deitados, sentados, de cabeça para baixo etc. Porém, quis acompanhá-lo. Emílio agradeceu chorando e pediu para ser um bom protetor. Roguei por ele e por mim também. Almejamos ser um bom companheiro de trabalho. É orientando que se é orientado.

O dia amanhecia. Emílio sentiu-se aliviado, estava contente. Avisou-me:

— *A minha filha Celina deve estar levantando. Eles hoje terão muito que fazer. Poderei ver você novamente?*

— *Poderá, sim. Devo vir muitas vezes aqui. Olívia os acompanhará até que estejam acomodados no novo lar. Ela terá o prazer de conversar com você.*

— *Posso lhe perguntar se tiver dúvida de como devo agir? Tenho muito que aprender.*

— *Pode, sim* — respondi.

— *Que alegria! Vou embora com eles! Ficarei perto de Celina. Será que ela irá se casar com Leandro? Leandro! Ai! Este moço é Marc! Sinto-o! Ao vê-lo na cozinha naquela noite tive a impressão de que o conhecia. Tenho quase certeza de que ele foi o Marc! É ele! Por isso ele disse que a amava sem conhecê-la. É um reencontro do passado. Que mundo pequeno! Agora eles serão felizes!*

– Estamos sempre nos reencontrando! – exclamei.

Emílio entrou na casa e foi ver Celina. Fiquei pensando na bondade infinita do Criador, que nos aproxima para que possamos resolver nossos problemas, diminuir diferenças e amarmos verdadeiramente.

doze

Preparando a Mudança

RETORNEI aos meus afazeres. Viria à Casa do Bosque se Olívia me chamasse ou precisasse de mim. Como ela não o fez, visitei-os três dias depois. Minha amiga, contente, me contou o que seus três protegidos fizeram.

— *Estou contente com as atitudes deles, deram muitas coisas para o senhor Chico. Ele sempre ajudou Diva e Celina, e elas recompensaram-no. Leandro pintou o porão, fechou a fossa, colocou lá ferramentas velhas e sacos vazios. Ninguém, agora, ao ver o porão, pensará que ali foi o cativeiro de uma pessoa. Deixaram a cela aberta. Dará somente impressão de que ali se guardavam mantimentos ou sementes e que o dono, excêntrico, a queria trancada. Venderam as vacas e alguns porcos. Outros animais, como as galinhas, doaram para os pobres da periferia da cidade. O restante dos objetos, móveis, será vendido com o sítio. Minha nora colocou-o para vender em três imobiliárias. Vou acompanhá-los e ficarei com eles por dez dias. Não é bom vê-los animados?*

— De fato, em um trabalho em equipe e com entusiasmo os resultados são outros — respondi.

Olívia foi ver algo no quarto e pediu que a esperasse. Observei os moradores da casa, estavam diferentes da primeira vez que os vira. Emílio prestava atenção no que fazia, não interferia, tentava aprender com Olívia e, conforme prometera, estava se comportando. Queria se educar, se tornar um ser útil, prestativo, não queria mais deixar o tempo passar e nada fazer. Emílio estava contente por ver Celina feliz e esperançosa. Sentia que a mudança ia ser melhor para todos. Continuava atento, vigiava a casa em que Aparecida morava, temia Sebastião e que Gumercindo acordasse.

Observei Leandro, ele realmente estava feliz. Sentia que não ia mais ficar sozinho, teria alguém para cuidar e seria cuidado, teria uma pessoa que se importaria com ele, cobraria atitudes, uma família para compartilhar dificuldades e somar alegrias.

— Leandro, ajude-me aqui! — pediu Diva.

Ele sorriu e correu para auxiliá-la, sentia-se útil. Diva o chamou para pegar uma caixa que estava no alto.

— Obrigada! — disse ela. — Leandro, estou muito contente por ter você em nossa família. Por ter nos ajudado. Se não fosse por sua iniciativa, Celina e eu não saberíamos o que fazer, mesmo com a morte do Cri. Talvez continuássemos no sítio: eu com medo de não receber o dinheiro para o sustento de meus filhos, e Celina para não me deixar sozinha. Não contei o motivo que me levou a ficar aqui a ninguém, nem à Diná e aos meus filhos, para não preocupá-los. Todos pensavam que eu gostava de morar nesta casa. Agi como uma boba. Celina achando que Cri era seu irmão (não saberemos se era ou não), ficava aqui, saindo raramente. Estava pensando: se Cri morresse e somente nós duas estivéssemos por perto, teria sido um sufoco.

Leandro ficou mais contente ainda. Sentiu-se útil, importante, auxiliara alguém. Sorriu entusiasmado e respondeu:

– Diva, entrei aqui como um ladrão, assustei vocês duas e tudo acabou dando certo. Fico contente por ter ajudado e por ter encontrado Celina, o amor da minha vida.

Voltaram à arrumação. Fiquei vendo-os trabalhar, pegar caixas, conferir objetos, mudar outros de lugar. Acomodei-me em um canto enquanto esperava por minha amiga. Lembrei-me de um fato ocorrido alguns meses antes. Em um local de ajuda que visito sempre havia uma pessoa competente que cuidava do lugar com dedicação, fazia muitas tarefas sozinha, reclamava às vezes, dizia que trabalhava muito e que não era reconhecida. Resolveu, de repente, se afastar. Foi um rebuliço, houve rogos para que ficasse e se indagaram: Fechariam o local? Como resolveriam as dificuldades sem ela? Duas pessoas, talvez as mais sensatas, resolveram dividir tarefas. O trabalho de equipe deu certo. Contente, vi interesses antes adormecidos na equipe, pois usufruíam da facilidade de sempre encontrar tudo pronto, serem despertados com entusiasmo. O ambiente mudou para melhor, todos participaram, contentes por estarem fazendo algo, por colaborar. Muitos postos de socorro têm usado o interesse, o entusiasmo das equipes para o trabalho e para o bom funcionamento das casas de caridade. E ali, na Casa do Bosque, estava vendo outro exemplo. Leandro era sozinho, estava sem rumo, não tinha objetivo. Unindo-se às duas, principalmente à namorada, fez planos e trabalhava com amor. Diva sacrificara-se pelos filhos, um sacrifício que não tinha razão. Confiou nos dois, resolveu seu problema e estava disposta a ajudar como fora ajudada. Celina morava ali pelo Iron, por achar que era seu irmão e tinha de cuidar do seu único parente. Foi importante ela descobrir que o amava independentemente de ser ou não seu irmão, do mesmo modo que gostava de Diva. Agora teria uma família. Um auxiliando, confiando no outro, assim, tornando-se uma equipe forte, decidida. Quando nos tornamos assim, coisas acontecem, agimos e os resultados aparecem.

Olívia aproximou-se de mim e comuniquei o que tinha decidido:

– *Minha amiga, adormeci Gumercindo porque você o temia e para que não interferisse nas decisões dos encarnados. Com certeza, com ele dormindo, os acontecimentos foram facilitados. Pretendo acordá-lo antes que partam. Você sabe que, se não o temer, não lhe desejar nada de ruim, manterá sua boa vibração e ele não poderá vê-la.*

— Consigo fazer isso — falou Olívia, determinada. — Mas será que ele não tentará impedir a mudança?

— Quando o encarnado está indeciso, aborrecido, de mal com a vida, como se costuma dizer, sua sintonia está mais apta para captar influências de desencarnados como Gumercindo. Porém, com astral em alta, como também se expressa para denominar pessoas com entusiasmo, alegria; com planos de melhorar, fazer o bem, ser feliz, um desencarnado mal-humorado não tem influência. Gumercindo não conseguiria impedi-los, não será escutado e nem obedecido. Penso que seu ex-marido merece saber o que está acontecendo, e ele tem o direito de decidir sobre a própria vida, mas somente sobre si mesmo.

— Ficarei atenta. Mas espere mais um pouquinho, vamos primeiro escutar os planos deles, depois pode acordá-lo.

Concordei e, como falavam do gato, fiquei a escutá-los, curioso.

— Sei — falou Celina — que você arrumou a gaiola do melhor modo possível, mas estou preocupada com Félix. Ele mora conosco há cinco anos. Lembro-me bem de quando o achei, fui ao quintal numa tarde e encontrei-o machucado e faminto. Cuidei dele e gosto do bichinho. Será que se acostumará à cidade? Ficará preso no apartamento?

— Já falei — disse Diva — que Diná gosta de animais. Depois, seu apartamento tem tela em todas as janelas e vidraças. Félix não conseguirá sair de lá.

— Quando formos para nossa casa — afirmou o moço —, Félix fará parte da família. Ele já gosta de mim. Você não ficará tranquila deixando o gatinho aqui. Cuidaremos dele.

– Teremos mesmo que colocar nele uma guia de cão? – perguntou a jovem.

– Se não falar a ele que a guia é de cachorro, Félix não ficará ofendido – Leandro riu. – Morena, gato não fica quieto, ele pula alto, corre muito e, se não prendermos, pode escapulir. Aí, como iremos procurá-lo? Colocaremo-lo na gaiola para viajarmos, você poderá tirá-lo colocando a guia. Se o gatinho se assustar, poderá fugir e como o encontraremos? O ônibus não nos esperará. Preso à guia, com você ou comigo segurando, não correremos o risco de deixá-lo fugir.

– Leandro, você é inteligente e prestativo! – exclamou Celina. – Reformou uma gaiola velha para o levarmos, comprou uma guia perfeita e tão confortável que ele ficará preso pelas pernas dianteiras e pelas costas. E sua ideia de darmos a ele um pedacinho de calmante que dávamos para o Cri foi perfeita. Espero que Félix não dê trabalho para Diná.

Enquanto a mocinha falava, Leandro sorria feliz. O rapaz descobria que fazer o bem alegra, mesmo que seja em pequenos favores.

Emílio aproximou-se e cumprimentou-me, ele participava da alegria dos amigos. Olívia estava muito feliz, Robson se recuperava, tentava melhorar, se tornar uma pessoa boa. Iron em breve estaria bem. Seus netos amados ganhariam a presença da mãe, e a nora iria refazer a própria vida. Celina, que a amava como filha, seria amparada, teria sua casa, família e filhos.

Achando que aquele era o momento para acordar o ex-dono da casa, deixei-os na sala e fui ao quarto onde Gumercindo estava. Acordei-o. Ele despertou como se tivesse dormido somente algumas horas. Pela maneira de viver que escolhera, sentia os reflexos do físico, costumava sentir sono e dormir por horas todas as noites. Estranhou ao ver o quarto bagunçado, gavetas abertas, nenhum quadro na parede e móveis faltando. Sentou-se na cama. Pela claridade, concluiu que era de tarde. Indignou-se por não ter acordado pela manhã, como de costume. Gritou:

– *Emílio! Emílio, seu imprestável, venha aqui!*

Não sintonizando-se mais com ele, sem temê-lo, Emílio estava diferente. Os gritos do antigo morador da casa eram ouvidos pelos desencarnados que estivessem por ali, e eles estavam na sala. Emílio não o atendeu. Gumercindo ia se levantar quando me viu.

– *Quem é você? Por que está aqui? Se não me explicar o que faz aqui, o expulso!*

– Meu nome é Antônio Carlos. Sou amigo de Olívia e estou aqui para conversar e lhe dar algumas explicações. Você dormiu por dias e fui eu quem o adormeceu.

– *Com que direito você fez isso? Como invade a minha privacidade?* – perguntou ele, revoltado.

– *De fato* – respondi –, *invadi sua privacidade e peço-lhe desculpas. Não agiria assim se você também não o fizesse.*

Recebeu uma reação. Fiz isso para poder ajudar outras pessoas envolvidas.

— O que você fez enquanto eu dormia?

Gumercindo perguntou, ele tentava entender, observava-me atento. Acostumado a mentir, julgava as pessoas pelas suas atitudes. Resolveu ficar calmo e verificar se eu falava a verdade.

— Fiz muito pouco — afirmei. — Os moradores daqui resolveram se modificar, querer outra maneira de viver. Houve mudanças enquanto você dormia. Iron desencarnou.

Percebendo que ele não sabia o que era desencarnação, esclareci:

— Iron teve seu corpo físico morto. Seu espírito, sobrevivente, foi se refazer em um local apropriado. Diva descobriu que você a enganara e que poderia ir embora. Está se desfazendo de móveis e objetos e colocou o sítio à venda. Celina e o namorado, Leandro, irão com ela. Emílio os acompanhará. Aparecida e Valdo foram embora. Resta somente você para decidir o que irá fazer.

— Você está mentindo! Diva não teria como saber. Ela tem de ficar! Não a deixarei ir embora! Você inventa!

Ele se levantou, saiu para o corredor e entrou nos outros quartos. Sua respiração ofegante fazia barulho. Arregalou os olhos. Furioso, estava transformado como todos que se deixam levar pela ira. A raiva, o ódio, o rancor, modificam aqueles que vestem a roupagem carnal, mas os desencarnados se transformam. É muito deprimente ver um ser tomado pela ira, furioso.

Gumercindo foi à sala, assustou-se, parou e, por instantes, ficou admirado olhando a cena. Ele viu somente os encarnados. Emílio e Olívia viram-no, mas não deram importância. Os dois seriam vistos por Gumercindo se quisessem. Diva estava sentada numa poltrona, conferia uma lista. Celina e Leandro conversavam sobre músicas enquanto embalavam peças de cristais.

Gumercindo ficou na frente de Celina e gritou com ela.
– *Sua bastarda, onde pensa que vai? Quem é esse moço? Responda! Não está me vendo?*

Emílio e Olívia por momentos ficaram apreensivos, mas eu os tranquilizei com um gesto de mão. Como a garota médium não viu Gumercindo nem o sentiu, os dois voltaram a se tranquilizar. Gumercindo gritou, aproximou-se de Celina com a intenção de sacudi-la e foi impulsionado à parede, onde caiu sentado, e levantou sem entender o que acontecia. Preferiu se afastar, foi à cozinha, depois ao porão. Encontrou tudo modificado. Confuso, voltou ao seu quarto.

– *Antônio Carlos, por que Celina não viu meu marido? Por que o choque?* – perguntou Olívia.

Emílio, que por anos obedecera ao ex-proprietário da casa, gostara do ocorrido e ficou atento às minhas explicações:

– *O ímã atrai somente metais, não atrai plástico ou cristal. Quando estamos bem, atraímos para nós fluídos bons.*

Nós poderíamos influenciar Celina para pensar em coisas boas, pois ela está feliz, esperançosa, grata a Deus, à Diva, ao Leandro e até ao Emílio. A jovem, por esses pensamentos, pelas suas atitudes, rejeita a influência negativa de Gumercindo. Certamente, as nossas vibrações ajudaram-na. Confesso que permaneci neutro, interferiria se fosse preciso. O que vocês desejaram quando Gumercindo quis atacar Celina?

– Que não conseguisse – responderam juntos.

– Eu preferiria receber o ataque no lugar dela. Se minha vontade influenciou, estou achando muito bom – respondeu Emílio.

– É isso que um espírito protetor faz – respondi, esclarecendo. – É isso que irá aprender. Sabendo, se tornará útil. Quando um encarnado trabalha com a mediunidade, um desencarnado o ajuda.

– Mesmo se ele fizer o mal com a mediunidade? – quis Olívia saber.

– Infelizmente, sim. Quem quer fazer maldades encontra afins e praticam atos errados juntos. Quem faz o mal com a paranormalidade encontra um espírito para ajudá-lo e protegê-lo. Nesse caso, os espíritos dos dois planos, do físico e do espiritual, sabem que estão plantando o mal. A colheita é obrigatória e existe uma força, a do bem, que pode contê-los. Muitos se iludem pensando que podem deixar as consequências de suas atitudes maldosas para depois, mas o tempo passa e esse depois chega. Médiuns que trabalham auxiliando também encontram afins no plano espiritual com os mesmos objetivos, que vêm ficar com eles, para trabalharem juntos. E isso que viram aqui, nesta sala, acontece muito. Mesmo se o sensitivo abaixar sua vibração (porque aqueles que vivem na matéria tensa têm muitos problemas, dificuldades a serem vencidas), terá o protetor, guia, companheiro de trabalho, que poderá ajudá-lo. Muitos seres imprudentes que vivem na erraticidade reconhecem quando um encarnado é protegido e normalmente nem se aproximam.

— Reconhecem como? – perguntou Emílio.

— Sentem pela aura – respondi. – Nós que vivemos no Além sabemos quando alguém está protegido. Mesmo aqueles que agem errado sentem as boas influências e acreditam que, próximo deles, encontra-se um bom espírito.

— O que é aura? – Emílio, interessado, quis saber.

— Aura é a emanação fluídica de corpos, sejam eles orgânicos ou inorgânicos. É um campo de energia que envolve a nós, humanos, estejamos no plano físico ou espiritual. Observe com atenção, Emílio, os três jovens aqui presentes. Eles estão radiantes, vibram bem, não fizeram nenhuma maldade. Celina é um encanto de pessoa. Diva lutou muito para não sentir mágoa, perdoou todos que a fizeram sofrer. Leandro agiu com irresponsabilidade, mas não quis prejudicar ninguém e agora planeja ser uma pessoa boa e honesta. Eles estão bonitos por fora e por dentro, vibram bem. Se observarmos a aura de uma pessoa, esta nos mostrará o que realmente ela é. Com os três esperançosos, contentes, as cores de suas auras estão claras e bonitas.

— Quando estamos enfermos, elas enfraquecem? – indagou Olívia.

— A cor da aura será diferente apenas na região ao redor do órgão adoentado. Seu núcleo, ou parte central, permanecerá inalterado.

— Dona Olívia, a senhora está muito bonita, sua aura é suave. A sua, Antônio Carlos, é constante. Não quero nem ver a minha — falou Emílio.

— Por que não? — perguntei. — Você, Emílio, está com a sua esperançosa e querendo ser útil.

— Por esse motivo não o enganaria? — perguntou Emílio.

— Também por isso — esclareci. — Nós que estudamos aprendemos a conhecer os seres humanos, entendemos os motivos que pessoas têm para fingir. Pela aura, irradiação, sabemos como são ou sentem. E dificilmente somos enganados.

— Gostei muito do que aprendi e quero continuar aprendendo. Se soubesse disso antes, não teria cedido às chantagens do senhor Gumercindo, pois ele me obrigou a servi-lo para não perturbar Celina. Vou gostar de dar choques em desencarnados intrusos.

— Emílio — eu disse, sorrindo —, certamente terá de aprender para ser útil. Gumercindo não recebeu choque, ele foi repelido, não foi aceito. A energia boa é dominante. Ele foi repelido, impulsionado para longe e, infelizmente, bateu na parede. Não é bom ser repelido, como não é bom para nós usar dessa possibilidade. O melhor é tentar ajudar sempre, é nossa tarefa, do companheiro de trabalho. E o intruso, como você mencionou, é nosso irmão e deve ser auxiliado. Lembro que dessa vez foi fácil porque Celina não está interessada em dar atenção a quem está mal-intencionado, pois a sua vibração está boa e se ligará somente a outros com a mesma sintonia. Completando: aura é uma espécie de couraça vibratória, fluídica, que fazemos para nós. Gumercindo não nos viu por não estarmos na sintonia dele. Seríamos vistos se desejássemos. Ao querer conversar e tentar auxiliá-lo, fiz com que eu fosse visto e escutado por ele.

— Isso é bom demais! — exclamou Emílio, entusiasmado. — Perdi tempo não aprendendo. Vou ser o melhor aluno, dedicado, atencioso para proteger minha Celina sem interferir na sua vida. Gosto de Diva e agora também de Leandro.

— Isso, Emílio! — concordei. — Vou agora conversar com o ex-proprietário do sítio.

— Acredita que pode ajudá-lo? Ele o escutará? — perguntou Olívia.

— Quero ajudá-lo, somente não sei se ele aceitará o que tenho a oferecer. Gumercindo certamente irá querer ajuda para retê-los aqui, nisso não posso atendê-lo. Posso orientá-lo e, se ele quiser, poderei levá-lo para um abrigo. Ele me escutará, porque falarei e ele me ouvirá, mas isso não significa que acatará, concordará comigo.

Os encarnados foram à cozinha preparar um lanche, iriam embora às dezesseis horas. Entrei no quarto onde Gumercindo estava, encontrei-o sentado na cama. Estava pensativo, procurava entender o que ocorria. Aproximei, e ele tentou ofender-me, xingando. Escutei-o e, quando fez uma pausa, falei:

— Você falou o que queria, agora serei eu a falar. Gumercindo, você sabe que seu corpo físico morreu. Você é um espírito, como eu, e sobreviveu à falência de seus órgãos físicos. Em vez de ter uma continuação de vida digna, preferiu permanecer aqui, controlar os moradores e tudo que achava que era seu.

— São meus! — gritou Gumercindo. — Adquiri pelo meu trabalho. Meu pai me ajudou com muito pouco, o restante adquiri trabalhando.

— E você acredita que o sítio, esta casa, são mesmo seus? — perguntei. Não esperei resposta e argumentei: — Usamos da matéria quando estamos encarnados. Ao desencarnar, nossa vida muda, não necessitamos de mais nada material. Tudo que você pensa ser seu somente esteve em seu poder por um período. Por transações, você comprou propriedades de outra pessoa, trabalhou, construiu, usufruiu e esqueceu que foi somente um administrador. Deixamos a matéria quando mudamos para o Além. Até nosso corpo carnal nos é emprestado, ele volta à natureza. Não se iluda pensando que algo é seu. O que nos acompanha com a mudança de plano são nossos atos, o que aprendemos, o resto passa para outras mãos, será administrado por outras pessoas.

— Não me conformo com isso! Não é justo! Diva não pode ir embora, me abandonar. O sítio não pode ser vendido!

— Você não pode determinar mais — falei. — Não agiu certo com sua nora. Diva é jovem, sofre por estar longe dos filhos, permaneceu aqui por acreditar em você, temia ir embora e não receber o sustento da família. Descobriu que foi enganada e não sentiu raiva de você. Ela tem o direito de fazer o que acredita ser

melhor para si e para os filhos. No momento, é Diva quem administra o que você administrou. Quando vender, será outro quem o fará. Incauto de quem pensa possuir algo da matéria.
– De que a Criatura morreu? – perguntou Gumercindo.
– Se você está se referindo a Iron, ele desencarnou por falência total de seus órgãos. Seu filho sofreu muito, desencarnou, foi socorrido e logo estará bem. Perdoará você com certeza.
– A Criatura me perdoará? Você está querendo me fazer rir? Aquele monstro não tem nada para me perdoar.
– É o pai dele, não o tratou como filho, foi impiedoso e...
– Não o matei! – exclamou Gumercindo, me interrompendo. – Muitas vezes me arrependi por não tê-lo matado.
– Como fez com os outros?
– Outros? Tive somente Robson.
– Aparecida engravidou muitas vezes, e sei bem como Robson desencarnou – falei.
– Você sabe demais. É um intruso. Não o quero aqui e nem escutá-lo.
– Vou finalizar. Eles irão embora, todos os que estavam por aqui não retornarão mais ao sítio. Você não poderá impedi-los.
– Olívia está por trás desses acontecimentos? – perguntou ele. – Mulher ingrata!
– Por que acha Olívia ingrata? – perguntei.
– Aquela mulher deveria ser agradecida por eu ter me casado com ela. Só me deu despesas, não me deu os filhos que queria. Não soube educar Robson, tive de interferir.
– Matando-o? – indaguei.
– Aquele moleque não sabia fazer nada de útil. Não precisando trabalhar, como eu, tornou-se um preguiçoso como a mãe, iria me deixar na miséria. Ele não merecia Diva. Não tive escolha. Olívia não deve ter gostado, me alegro com seu descontentamento. Mulher chata, sem graça, todas as vezes em que bati nela foi merecido.

Senti-me tentado em defender minha amiga, mas me contive, concluí que Gumercindo teria somente a dor por companhia, e ela, a dor, muito mais paciente do que eu, o ensinaria.

– Gumercindo – informei-o –, *irei embora com o grupo. Antes, quero lhe dizer que existem lugares próprios para nós, desencarnados, vivermos, locais de paz, onde temos oportunidades de aprender, fazer o bem ao próximo e consequentemente a nós. Você quer ir comigo?*

– *Você além de intruso, mal-educado é...* – xingou-me novamente. – *É desprovido de inteligência. Acha mesmo que vou para um lugar onde receberei ordens? Ficar longe de minhas coisas, terras e casa? Não aceito e ordeno: fora daqui!*

Fui conversar com ele pesando em ajudá-lo, como não aceitou minha oferta, resolvi atender a seu pedido, sair do quarto, mas, antes, fiz uma oração em voz alta, rogando a Deus por esse filho Dele. Gumercindo tapou os ouvidos com as mãos. Quando terminei, perguntou:

– *Por que o escuto com os ouvidos tapados?*

– *Quis que me escutasse* – respondi.

Estendi a mão para me despedir, e ele me cuspiu. Saí e fiquei na sala onde os três encarnados, animados, conferiam malas, caixas e sacolas.

– Sua ideia foi genial, Leandro – disse Diva –, colocar etiquetas nos nossos pertences e numerá-los.

Decidi ficar com eles até que partissem.

treze

Tempos Depois

COM TUDO arrumado, o portão foi aberto. Diva deu mais coisas ao senhor Chico, alguns móveis, mantimentos, os garrafões de vinho, ferramentas, e ele veio buscar com sua carroça e mais três amigos. Gumercindo esbravejou, desesperado por ver a nora dar os pertences da casa. Por três vezes tentou agredir Celina, mas esta, com ajuda de Olívia e Emílio e por estar vibrando bem, não estando na sintonia dele, não foi atingida.

Chegaram os dois táxis contratados, e os motoristas, extasiados, olharam o local. Um deles exclamou:

– Que bosque maravilhoso!

– De fato é – concordou Leandro. – Com certeza agora poderá ser, com o portão aberto, admirado como merece.

– Tomara que os novos moradores sejam felizes aqui! – desejou Diva.

— Com certeza serão – afirmou Leandro.

— Como afirma com tanta convicção? – perguntou a nora de minha amiga.

— Quando saímos de um local desejando que outras pessoas desfrutem desse lugar e sejam felizes, deixamos bons fluídos – respondeu o moço.

— Pois que sejam muito felizes! – Diva concordou, sorrindo.

— Será que os novos proprietários derrubarão o muro? – indagou Celina.

— Não importa se o bosque continuará ou não murado, mas que o portão seja aberto e muitas pessoas possam vê-lo – desejou Leandro.

Rindo, alegres, colocaram nos carros as malas, caixas e sacos. Leandro ia num carro e as duas no outro. Diva, antes de entrar no veículo, deu um adeusinho com a mão. Celina segurava firme a gaiola com Félix dentro, sonolento. O gatinho olhava a dona com carinho e confiança. Ela olhou amorosamente para o local onde o corpo de Iron estava enterrado. Os veículos pararam no portão.

— Leandro, você pensou em tudo – exclamou Celina. – Fez cópias da chave do portão e arrumou a fechadura.

— Tive de deixar as cópias nas três imobiliárias, para eles abrirem o portão e mostrarem a propriedade para os interessados em comprar o sítio. Fecharemos o portão, e você, Diva, levará esta chave, caso necessite voltar aqui.

"Não voltarei mais a este sítio!" – pensou ela.

Enquanto fechavam o portão, Olívia aproximou-se de mim, abraçou-me e agradeceu. Depois, ela e Emílio acomodaram-se nos carros. Partiram. Voltei a casa e fiquei por momentos na pequena varanda. Gumercindo estava irritadíssimo. Furioso, saiu de dentro do seu antigo lar e passou por mim gritando:

— *Vou com eles!*

Deu somente alguns passos, não conseguiu andar mais. Parecia que a casa o segurava.

— *O que você fez, Feiticeiro?* — perguntou ele, dirigindo-se a mim.

— *Não fiz nada* — respondi. — *Absolutamente nada. Quando ficamos presos a algo que julgamos ser nosso, estamos atados a eles. Você não quer entender que foi somente um administrador, nada lhe pertenceu. A matéria existe para servir aos espíritos que, transitoriamente, estão vestidos da roupagem física. Você mesmo se prendeu.*

— *E agora, ficarei sozinho?* — perguntou ele.

— *Quando pensar diferente, poderá abandonar tudo isto.*

— *Nunca farei isso! Diva voltará!*

— *Você acredita mesmo no que está dizendo?*

Como ele não respondeu, falei:

— *Gumercindo, quando entender que não é proprietário de nada, se sentirá liberto. Quando pensar nos seus filhos e em Olívia com carinho, poderá pedir ajuda a eles.*

— *Nem morto pedirei ajuda a eles!* — exclamou ele, raivoso.

— *Você já está morto, desencarnado* — comentei.

Gumercindo entrou na casa. Vi quando Sebastião chegou à antiga casinha de Aparecida. Olhou tudo, estranhando as mudanças. Entrou e saiu logo. Lendo o bilhete, amassou o papel e o jogou no chão. Ouvi seus pensamentos. Iria embora para não voltar mais. Volitou. Também fui embora, voltei aos meus afazeres. O tempo passou...

— *Antônio Carlos! Como você está, meu amigo?*

Saía de uma sala onde estava dando uma aula. Aquela voz delicada, agradável, era inconfundível. Virei alegre para abraçá-la.

— *Olívia! Estou muito bem, e você?*

— *Faz um ano e oito meses que não nos vemos. Quero levá-lo para ver algo. Pode ir comigo? Desta vez não será para me auxiliar.* Quis revê-lo para lhe dizer que sua ajuda foi muito importante para todos nós.

Olívia ficou olhando para mim. Fiquei encabulado. Ela então me explicou:

— *Estou vendo a sua aura. Estou tendo aulas sobre irradiações e energias. E tenho observado as auras das pessoas, para aprender.*

— *Há muito tempo aprendi, estudando. Quando vejo a aura de alguém, o faço somente para ser útil* — informei.

— *Estou entusiasmada com o assunto!* — exclamou minha amiga. — *Iron, na sua existência anterior, deveria tê-la escurecido pelos assassinatos cometidos. Mas ele recebeu a reação, sofreu, equilibrou-se, e as manchas lodosas, escuras por ter* tirado a vida física de outras pessoas, desapareceram. Gumercindo tem a aura escura, em suas mãos e cabeça, é de cor rubra, elas são grandes e fortes porque ele ainda não se arrependeu. Pelo arrependimento elas ficam menos em evidência e, quando pagas pela reação da dor ou quando reparadas pela caridade, somem. Estou tentando acender luzinhas em meus pontos escurecidos. A luz do amor ilumina as trevas em nós. Não é maravilhoso?

— Realmente é! — afirmei.

— Estou falando muito? Incomodo?

— Não, amiga, estou contente por você estar assimilando o que aprende e pelo seu entusiasmo.

— Observe a minha aura! — pediu ela. — O entusiasmo a deixa com cores vivazes. Não quero ser mais a "coitada da Olívia", troquei pela "alegre Olívia". Conversei com Iron sobre isso. Sabe o que vi em sua aura? A gratidão. É linda! Iron está grato a todos que o perdoaram, por Deus ter lhe dado a oportunidade de quitar suas dívidas, por ter se equilibrado. Estou incentivando-o a acender luzes. A orientadora da colônia onde moro tem uma aura radiante, e ela diz estar aprendendo a amar. Acho que ela já sabe!

— Conte-me como estão todos — pedi.

— O Sítio São Judas Tadeu foi vendido e ganhou um novo nome: Sítio do Bosque Murado. Os novos proprietários construíram uma mansão a uns cem metros da antiga, para residirem. A casa em que morei agora é do caseiro, que ocupa uma parte, somente, e a outra serve de depósito. Gumercindo continua lá, tomado pela ira, perturbado, mas nenhum encarnado o escuta ou vê. Entre os moradores não há nenhum médium, ou alguém que tenha mediunidade em potencial para vê-lo ou senti-lo. Ele fica muito no porão onde Iron por anos ficou preso. Fez lá seu cantinho, por se sentir incomodado com as pessoas que foram lá residir. Não se conforma por usarem seu antigo quarto. Continua preso à casa. Infelizmente, não se arrependeu, mas está sofrendo muito desde que ficou sozinho. Não tem notícias da família, não tem como saber. Ainda bem que os novos moradores não cavaram o espaço onde os restos mortais de Iron foram enterrados. Leandro escolheu bem o local. Os proprietários atuais gostam de festas, recebem muitas visitas, convidam pessoas para conhecer o bosque. Tenho ido ver Gumercindo, mas não deixo ele me ver. Quando meu ex-marido quiser falar comigo, farei o possível para ajudá-lo. Mas esse socorro dependerá somente dele e, infelizmente, acho que não será logo. Ele ainda está muito endurecido. Robson está se recuperando bem. Iron está me dando alegrias, tem estudado, faz tudo direitinho, executa tarefas com entusiasmo no lugar onde está abrigado.

Olívia fez uma pausa, suspirou, para logo continuar a falar:

— Aparecida está bem. Pediu para reencarnar e aguarda resposta do seu pedido. Por que será que muitos moradores do Além querem reencarnar?

— O mundo da matéria atrai muitos espíritos — respondi. — Mesmo com várias dificuldades que encarnados têm, muitos gostam do agito da vida física. Outros estão ansiosos para pagar dívidas, reparar erros, provar ter aprendido, ajudar afetos etc. Muitos fazem pedidos para voltar a viver na matéria densa. Quando um desencarnado tem no seu currículo muitas horas dedicadas ao trabalho e faz a solicitação, normalmente é atendido mais rápido. Também são estudados para receber autorização os pedidos daqueles que não conseguem se recuperar de grandes traumas, sejam estes pelo remorso ou porque necessitam mesmo da bênção do esquecimento. Pedidos como os de Aparecidas são analisados, se é para seu bem é atendido. Creio que Aparecida, por mais que se esforce, não consegue deixar de pensar em seus erros. Um recomeço seja talvez o melhor, e, nesse caso, receberá uma preparação para reencarnar.

– Ela poderá ser abortada? – perguntou Olívia.

– Reações são inevitáveis, porém não esqueçamos de que estas podem não ser logo em seguida aos nossos atos e sempre temos oportunidades de reparação. Se Aparecida for abortada, será porque ela acredita precisar ser assim. Durante o pouco tempo que ficar em um feto, pode ocorrer o esquecimento. Se perdoar os responsáveis pelo ato sofrido, será socorrida, auxiliada e, em outra tentativa, reencarnará, dará certo.

– Se não perdoar, pode se tornar como Valdo e Sebastião, não é? – perguntou Olívia.

– Sim, isso pode ocorrer – respondi. – Por esquecer suas ações, poderá perseguir a causa. No caso, quem a abortou, esquecendo-se de que está colhendo da sua plantação.

– Vou lhe dar boas notícias! O trio encarnado, Leandro, Celina e Diva, chegou contente ao apartamento de Diná. Foi muita alegria. Aldo e Alice ficaram muito felizes. Leandro, dois dias depois, viajou, voltou à pensão onde morou para pegar suas coisas e ficou sabendo que o bandido que temia havia sido preso. Soube também de Consuelo, ela mudara-se de cidade, casara-se novamente. Ele concluiu que a ex-amante de Robson não se interessava mais pelos papéis pelos quais fora contratado. Diná arrumou um emprego para ele num supermercado. Esforçado, trabalhador, já subiu de cargo. Diva contratou um advogado para orientá-la a resolver os assuntos financeiros da herança recebida. Usando o dinheiro das aplicações, organizou a vida de todos com mais conforto. Voltou a estudar, aprendeu a lidar com as finanças, abriu uma loja de roupas femininas com a irmã. Minha nora está namorando um bom moço, e meus netos gostam dele. Ela não se esqueceu de Celina, comprou uma casa boa e lhe deu de presente. Essa propriedade tem outra moradia no quintal para alugar. Diva quis, com isso, que sua melhor amiga tivesse uma renda. Mobiliou a casa, e Celina e Leandro se casaram. Félix, o gatinho, se adaptou muito bem ao apartamento. Diná o acolheu e os dois se tornaram amigos. Tanto que o gato ficou com Diná. Celina continua determinada, e isso é bom para Leandro. Os dois estão bem. Agora, vamos.

    Olívia pegou em minha mão e volitamos. Paramos num hospital, na maternidade, num corredor. Em frente ao vidro do berçário, naquele momento coberto por uma cortina, estavam os encarnados já conhecidos por mim, Diva e Leandro. Minha amiga tratou logo de me dizer quem eram os outros.

— Esta é Diná, pessoa muito simpática, e estes são Aldo e Alice.

Olhei para os adolescentes, pessoas agradáveis, estavam contentes e ansiosos aguardando o grande acontecimento. Alice abriu o *Evangelho Segundo o Espiritismo*, livro de Allan Kardec, e a página já estava marcada. Era o Capítulo 28. "Coletânea de Preces Espíritas – itens 53 a 56 – Prece por uma Criança que Acaba de Nascer". Para mim, sempre é agradável escutar o *Evangelho*. Transcrevo alguns pedacinhos do texto que me emocionaram, não na íntegra, mas como os entendi naquele momento. Essa ocorrência é muito importante em nossa vida.

"Os espíritos apenas chegam à perfeição após terem passado pelas provas da vida corporal. Aqueles que estão na erraticidade esperam que Deus lhes permita retornar a mais uma existência como meio de adiantamento, reparando faltas e sendo útil. Que a ciência do Espiritismo seja a luz que os iluminará nas dificuldades da vida. Que a família à qual os confiaste possa compreender a importância deste momento e fazer germinar as boas sementes."

Roguei para que aquele espírito que voltava ao plano físico aproveitasse a oportunidade para aprender, fazer o bem e progredir. E após a vivência na vestimenta de carne, voltasse à espiritualidade com vitórias.

Olívia, também emocionada, me explicou:

— *O melhor que aconteceu foi todos se tornarem espíritas. Diva, assim que chegou ao apartamento da irmã, contou a ela de sua sensibilidade e da sensibilidade de Celina. Diná frequentava, embora não assiduamente, um centro espírita, e tem muitos livros sobre a Doutrina de Kardec. Orientou-as e todos passaram a ir com ela e a ler, estudar. Matricularam-se em cursos. Minha nora já começa a trabalhar fazendo o bem com sua mediunidade. Celina deu uma pausa, mas com certeza será uma boa colaboradora da casa espírita. Emílio está muito bem, aprendeu muito e participa de todos os cursos oferecidos pelo local que frequentam. Está se saindo muito bem como futuro protetor de Celina. Olhe, ele está chegando!*

Emílio veio reunir-se ao grupo encarnado. Ao me ver, abriu os braços para me cumprimentar e sorriu contente, mas, dois passos perto de mim, parou, ficou sem saber se me abraçava ou não. Abracei-o com contentamento.

– *Emílio, meu amigo, que bom revê-lo!* – exclamei.

– *Eu que fico feliz, queria lhe agradecer.*

Nós, os desencarnados, silenciamos quando Aldo perguntou:

– O neném irá se chamar mesmo pelo nome escolhido?

–Sim – respondeu Leandro. – No meu registro de nascimento tem o nome do meu avô materno. O pai de Celina tinha o mesmo nome, Antônio, e completamos com o outro. Não sei por quê, sinto que tenho de ser grato a uma pessoa que tem esse nome, e minha morena também tem essa sensação. E nosso filhinho se chamará Antônio Carlos.

Fiquei emocionado. Nesse momento, um médico veio ao encontro deles e deu a notícia de que tudo havia ocorrido bem, e Celina estava se recuperando. A cortina se abriu. Uma enfermeira de aspecto muito agradável surgiu com uma linda criança nos braços, envolvida numa manta. Deixou a todos observando atentos. Tranquilo, aquele espírito reencarnava confiante no recomeço, e, sentindo-se amado, abriu os olhos, mexeu os músculos do rostinho. Para todos, foi um sorriso.

— Vejam como ele é lindo! — exclamou Alice. — Meu afilhado parece fazer pose.

— Lindo, sadio, que criança maravilhosa é este meu sobrinho! — falou Diva, comovida.

— É meu filho! — Leandro conseguiu finalmente dizer.

Deixando-os felizes e emocionados, despedi-me somente com um aceno e parti.

Ao terminar a leitura deste livro, talvez você tenha ficado com algumas dúvidas e perguntas a fazer, o que é um bom sinal. Sinal de que está em busca de explicações para a vida. Todas as respostas de que você precisa estão nas Obras Básicas de Allan Kardec.

Se você gostou deste livro, o que acha de fazer que outras pessoas venham a conhecê-lo também? Poderia comentá-lo com aquelas do seu relacionamento, dar de presente a alguém que talvez esteja precisando ou até mesmo emprestar àquele que não tem condições de comprá-lo. O importante é a divulgação da boa leitura, principalmente da literatura espírita. Entre nessa corrente!

O QUE ELES PERDERAM

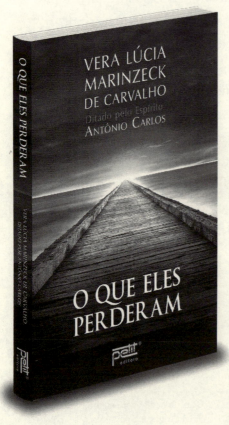

**Vera Lúcia Marinzeck de Carvalho
ditado por Antônio Carlos**

Romance | 16x23 cm | 256 páginas

— Meu Deus! Ajude-me a não perder nada! — rogou Clara.
A aprendiz Clara rogou com sinceridade e de coração no final de um trabalho em que uma equipe de trabalhadores desencarnados, para um estudo, participou de alguns casos em que os envolvidos estavam unidos numa trama obsessiva.
Com riqueza de detalhes, Antônio Carlos, um excelente contador de histórias, transformou em livro alguns relatos de casos que auxiliaram. O que pensam e sentem aqueles que querem se vingar? O obsessor? Tem ele justificativas? Infelizmente, as desculpas não são aceitas. E o obsediado? A vítima naquele momento. Será que é só uma questão de contexto?
Esta leitura ora nos leva a sentir as emoções do obsessor ora as dores do obsediado.
São sete dramas. Que dramas! E os motivos? Paixões não resolvidas, assassinatos, disputas, rivalidades, a não aceitação da desencarnação de alguém que se ama etc.
Por um tempo, ambos, obsessor e obsediado, estiveram unidos. E o que eles perderam? Para saber, terão de ler esta preciosa obra.

boanova@boanova.net | www.boanova.net | 17 3531.4444

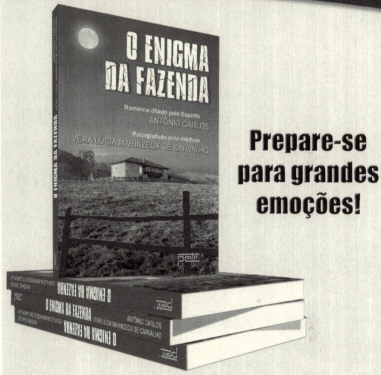

Novo romance do Espírito Antônio Carlos.

Prepare-se para grandes emoções!

Mestre do suspense, o Espírito Antônio Carlos traz, mais uma vez, um romance espírita de ação e mistério que desvenda os mistérios da mediunidade e da obsessão.
No desenrolar de O enigma da fazenda, Paula, jovem médium, pela primeira vez, passa as férias longe do colégio interno e diverte-se ao lado das colegas na fazenda Água Funda, sem imaginar o mistério que a aguarda...

Sucesso da Petit Editora

Do Espírito Antônio Carlos, psicografado pela médium Vera Lúcia Marinzeck de Carvalho

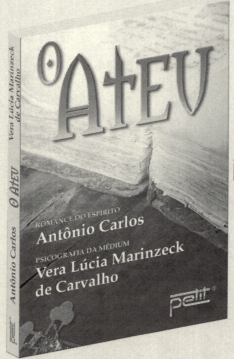

Impossível é ser indiferente!

O Ateu, como Jean Marie é conhecido na intimidade, reserva-se o direito de não apenas descrer do Criador, mas também de influenciar os outros com seus escritos. Escreve livros onde expõe sua absoluta descrença na vida além da morte. Além disso, distribui, por intermédio dos amigos que compartilham de suas idéias, panfletos nos quais dissemina seu ideal materialista. Alheio às seduções do ambiente onde vive, preocupa-se apenas em explorar os corruptos. Vítima da obsessão, não percebe a tragédia que se aproxima e que mudará, por completo, seu modo de pensar...

Mais um sucesso da Petit Editora!

Histórias do Passado

**Vera Lúcia Marinzeck de Carvalho
ditado por Antônio Carlos**

Romance | 16x23 cm
240 páginas

Renata deixou para o pai dois cadernos: um de conversas psicografadas, que ela teve com a mãe; no outro, Sueli, desencarnada, conta à filha as vivências do passado dela e de amigos, em ações de erros e acertos com os quais amadureceram. Uma grande amizade os uniu e também um amor-paixão. Depois de algumas encarnações juntos, eles se esforçaram e cumpriram o que planejaram. O amor se purificou...

 www.boanova.net

 www.facebook.com/boanovaed

 www.instagram.com/boanovaed

 www.youtube.com/boanovaeditora

**Entre em contato com nossos consultores e confira as condições
Catanduva-SP 17 3531.4444 | boanova@boanova.net**

O Mistério
do sobrado

Vera Lúcia Marinzeck de Carvalho ditado por Antônio Carlos
Romance | 16x23 cm | 208 páginas

Por que algumas pessoas – aparentemente sem ligação mas com as outras – foram assassinadas naquela sala, sem que ninguém nada escutasse?
Qual foi a razão que levou as vítimas a reunirem-se justamente na casa de dona Zefa – uma mulher de bem, tão querida por toda a vizinhança?
"O mistério do sobrado" é um romance intrigante, que fala de culpa e arrependimento, de erros e acertos.
Uma narrativa emocionante, onde o mistério e o suspense certamente prenderão a atenção do leitor das primeiras até as últimas páginas – conduzindo-o a um desfecho absolutamente inesperado e surpreendente...

Entre em contato com nossos consultores e confira as condições
Catanduva-SP 17 3531.4444 | boanova@boanova.net

Um *best-seller* inesquecível!

Conheça o outro lado da vida

Nesta belíssima obra, Patrícia explica o que é a desencarnação e apresenta o plano espiritual, por meio do esclarecimento de dúvidas como: "do que se alimentam os espíritos?", "quais são as vestimentas utilizadas", "quais necessidades sentidas?", etc.

Mais de 2 milhões de exemplares vendidos!

Av. Porto Ferreira, 1031 – Parque Iracema
CEP 15809-020 – Catanduva-SP
17 3531.4444
www.petit.com.br | petit@petit.com.br
www.boanova.net | boanova@boanova.net